니체, 건강의 기술

운명적 삶을 긍정하는 기술

Friedrich Nietzsche, Die Kunst der Gesundheit
edited by Mirella Carbone and Joachim Jung

니체, 건강의 기술
운명적 삶을 긍정하는 기술

초판 인쇄 2019년 7월 5일
초판 발행 2019년 7월 10일

엮은이 미렐라 카르보네(Mirella Carbone), 요아힘 융(Joachim Jung)
옮긴이 이상엽 **|** **교정교열** 정난진 **|** **펴낸이** 이찬규
펴낸곳 북코리아 **|** **등록번호** 제03-01240호
주소 13209 경기도 성남시 중원구 사기막골로 45번길 14 우림2차 A동 1007호
전화 02-704-7840 **|** **팩스** 02-704-7848
이메일 sunhaksa@korea.com **|** **홈페이지** www.북코리아.kr
ISBN 978-89-6324-661-1 (03160)

값 13,500원

니체,

Friedrich Wilhelm Nietzsche

건강의
기술

운명적 삶을 긍정하는 기술

미렐라 카르보네, 요아힘 융 엮음
이상엽 옮김

서언

"진리 지각. 나는 어떤 의심이든지 좋아한다. 이 의심은 내가 '우리 한번 실험해봅시다!'라고 대응할 수 있게 해준다. 그러나 나는 실험을 거부하는 사물과 물음에 대해서는 여전히 아무것도 알 수 없다. 이것이 나의 '진리 지각'의 한계다. 왜냐하면 여기서는 용기가 자신의 권리를 잃어버렸기 때문이다."

니체와 건강의 기술? 대다수 사람은 이러한 결합에 대해 회의적인 생각을 할 것이고, 어떤 좋은 이야기가 나오리라고 기대하지 않을 것이다. 왜냐하면 어릴 적부터 계속 지속되어왔고 마침내 정신착란에서 끝나게 되는 병의 역사 같은 인생 이력을 가진 사상가에게 하필이면 '건강'이라는 주제에 관해 묻고 있기 때문이다. 사실상 만성적인 통증은 니체의 삶과 함께한 동반자였다. 우선 이미 네 살 때 진단받은 근시는 바젤대학교에서 교수생활을 시작할 즈음에 벌써 두 자리 숫자가 넘는 디옵터에 이르렀다. 게다가 대학시절의 끝 무렵에는 고통스러운 위장병이 생겼다. 그 통증은 완치

되지 않은 이질로 인해 더욱 심해졌고, 곧이어 만성 위염으로 발전해갔다. 결국 발작 형태로까지 나타난 극심한 두통은 1870년대 초부터 더욱 심해졌고 때때로 구토를 동반하기도 했다. 특히 신체적으로나 심리적으로 스트레스가 많은 시기에는, 예컨대 여행을 하거나 친구를 방문하거나 작별할 때는 심한 통증이 규칙적으로 일어났다. 니체는 1875년 바젤에서 최초로 근본적인 정신적 붕괴를 경험해야 했다. 다양한 형태의 요양을 시도해보았지만, 상태가 별로 좋아지지 않았다. 그로부터 4년 후, 이제 막 35세가 된 니체는 결국 교수직을 내려놓을 수밖에 없었다. 발작 증상, 마비 느낌, 언어 장애는 물론 간혹 발생하는 의식 상실은 건강이 극도로 나빠졌다는 사실을 보여준다. 그는 1880년대 초부터 비로소 서서히 다시 회복되어갔다. 그의 편지는 그가 날씨의 영향에 대해 어느 정도로 섬세한 감수성을 지니고 있었는지를 증언하고 있다. 대기 중의 높은 습도, 구름 낀 뿌연 하늘, 천둥번개를 동반한 악천후, 푄과 시로코의 뜨거운 바람은 그의 건강상태를 매우 빠르게 악화시켰기 때문이다. 마침내 그는 1889년 1월 정신적으로 붕괴했고, 이것은 오늘날까지 다양한 추측을 낳는 계기가 되었다. [1]

그 어떤 의사도 자신을 도와줄 수 없게 되자, 니체는 스스로 자신의 의사가 되려는 시도를 했다. 하지만 이마저 결국 소득 없이 끝나버리고 말았다. 이러한 사실들까지 전부 고려해본다면, 그에게 건강에 이르는 방법에 관한 설명을 기대한다는 것은 회의적일 수밖에 없다. 적어도 이 점은 어느 누구나 이해할 수 있을 것이다. 그럼에도 이러한 회의적인 생각에 너무나 성급하게 굴복해서는 안 되는 중요한 이유가 있다.

니체가 자신의 병과 마주 하면서 자신을 도울 수 있었는지에 대답하는 문제는 우리가 기본적으로 건강에 관해 어떤 생각을 갖고 있는지와 근본적인 연관성이 있다. '건강'과 '병' 사이의 대립성을 기준으로 하여 건강을 정의하는 데 익숙한 사람은 건강을 우선적으로 '통증과 병이 없는 상태'로 생각할 것이다. 하지만 니체는 바로 이러한 대립의 정역학(Statik)으로부터 '건강' 개념을 분리해내려고 노력했다. 정역학의 환원주의적 논리는 다음의 물음에서 분명하게 드러난다. 죽지 않고 살아있다는 것을 느낄 수만 있다면 충분한 것인가? 니체는 이러한 일면적인 대립성을 넘어서 사유한다. 다시 말해 건강에 대한 그의 사유는 현재 WHO(World Health Organization, 세계보건기구)의 건강에 관한 정의와 관련성이 있다. WHO의 정의는 니체와 마찬가지로 "단지 병이나 장애가 없을 때만" 건강이 보장된다는 생각에 만족하지 않기 때문이다.

니체는 무엇이 건강일 수 있는지를 새롭게 역설적인 방식으로 규정하려고 시도했고, 동시에 그것은 다양한 관점에서 이루어졌다.

건강이 어떤 도달된 상태 또는 어떤 도달되지 못한 상태로 파악되어서는 안 된다. 오히려 건강은 우리가 자신과의 관계에서 특정한 형식을 실험하고, 자신의 고유한 삶의 질서 속에서 저마다 그 전제와 욕구와 힘과 가능성을 단계적으로 탐색함과 동시에 이러한 질서 자체조차 변화 가능한 것이라고 이해하는 그러한 여정으로 파악되어야 한다. 니체는 "아직 확정되지 않은 동물"인 인간에게 "우리는 실험하는 자들이다. 우리는 그렇게 살길 원한다!"라고 큰소리로 외친다.

이처럼 건강은 과정적으로 사유되는 것이다. 건강은 언제나 새롭게 — 그리고 개인마다 다르게 — 균형(Balance)의 가능성을 찾는 것으로 이해된다. 이러한 건강 개념은 빠른 효과를 주는 의약품을 기다리면서 생존하기를 바라는 심리상태의 건강 개념과 뚜렷이 구별된다. 니체가 주장하는 건강이론의 지혜는 건강 유지나 건강 회복을 위해 표준화된 처방전을 원하는 요구에는 적합하지 않다. 이처럼 니체에게는 '건강 자체'나 '건강 표준'이라는 개념이 없다.

오히려 니체는 건강과 병을 각자의 고유한 실존의 조건, 노력, 전제의 지평에서 각자가 능동적인 책임을 수행하는 것으로 파악하라고 말한다. 각자는 자신의 리듬, 욕구, 삶의 습관을 항상 다시 성찰할 수 있는 것은 물론이고 그것들에 영향을 주어서 변화시킬 가능성을 갖고 있다. 그 변화들은 용기를 필요로 한다. 그리고 때로는 이 용기가 자포자기 상태에 있는 병든 자에게서 비로소 생겨나기도 한다. 니체에 따르면, 병이 자신에게 강요하는 여가를 이제까지의 삶의 틀을 숙고하는 데 사용할 줄 알고, 자신의 삶을 변형시키거나 새롭게 조형하려는 의지를 가지고서 고통의 도전에 맞서는 사람은 이미 '고귀한 건강'에 도달한 사람이다. 건강은 병을 배제하는 것이 아니다. 건강은 자신을 위해 병을 생산적인 것으로 만들 줄 아는 것, 즉 병을 "쟁기에 맬(an den pflug spannen)" 줄 아는 것이다.

"병은 어떤 강력한 자극제(Stimulans)다. 사람들은 이 자극제에 대해 충분히 건강하기만 하면 된다." 이러한 생각은 단지 병에 관한 학문적인 경계 설정이나 학문적인 개념 정의를 위해서만 노력하는 관점을 넘어선다. 이 철학자는 "건강과 병이라는 것은 우리가 이것들에 대해 취하는 태도와 무관하지 않다"는 인식에서 출발한다. 니체는 건강과 병에 대한 적절한 태도의 가능성을 풍부한 관점, 집중력, 세밀함 속에서 총체적으로 사유했다. 이러한 그의 사유는 근대철학에서 유사한 사례를 찾아볼 수 있을 것이다. 영원한 병자였던 그에게 건강과 병에 관한 주제는 정신적 도전을 의미할 뿐만 아니라 실존적 도전을 의미하기도 했다.

"병의 **압박**에 의해 생겨난 사상은 도대체 어떤 모습일까?" 그의 철학은 이러한 물음과 함께 정말로 자기 시도로서 정당화되기를 바라는 것처럼 보인다. 그리고 우리는 이러한 자기 시도가 이루어진 지평의 그 광활한 넓이를 간과해서는 안 될 것이다. 고전문헌학자인 니체는 고대의 건강이론에 대해 잘 알고 있었다. 그뿐만 아니라 니체는 원래 문헌학 전공을 마친 후 두 번째 전공으로 자연과학을 선택하려고 했으므로 근대의 섭생학(Diätetik)에 관한 최신 연구도 주의 깊게 살펴보았다. 그의 도서관 대출목록에는 의학적 및 생리학적 건강이론에 속하는 수많은 책의 제목이 기입되어 있다. 예컨대 장소, 기후, 영양섭취가 건강에 미치는 영향을 다룬 저작들, 몸과 정신의 관계를 감각생리학의 관점에서 새롭게 인식하려고 시도하는 여타 다른 저작들 말이다. 이와 같이 니체는 근대의 연구방식에 많은 관심을 가지고 있었지만, 이 연구방식에 내재된 실증주의적 제한성과 결정론적 경향성을 그대로 따르는 데 동의할 수 없었다. 니체는 언제나 새롭게 19세기의 '사실성에 대한 숙명론적 굴복' 경향, 천박한 자연주의, 그리고 환경결정론의 절대화에 따른 인간 주체의 무기력 현상에 대해 비판을 가했다. 니체가 항상 반복해서 중요하다고 강조한 것은 인간이 어떤 사실에 대해 **평가하는** 존재로 관계할 경우에만 그 사실이 일정한 의미를 갖게 된다는 점이다. 삶 전체는 그러한 가치를 정립하는 행위의 연속이다. 니체는 가치를 정립하는 행위를 세계를 창조적으로 전유(專有)하는 활동으로 파악한다. 니체는 외부 환경의 영향력을 과대평가하는 것에 맞서 "삶의 과정에서 본질적인 것은 […] 바로 무시무시한, 형성하려는, 내부로부터 발원하는 형식창조적인 폭력"이고, "이 폭력은 '외부 환경'을 **이용하고 착취한다**"라고 주장한다. 그리고 이러한 외부 환경에 있을 수 있는 유용성조차 비로소 개인이 가치를 정립하는 행위의 맥락 안에서 결정된다. 말하자면 유용성이 이미 사실 속에 주어져 있는 것이 아니라는 의미다.

니체가 자신의 철학 속에서 근대 자연과학의 지식, 특히 감각생리학의 지식을 수용하는 방식은 이중의 전략을 취하고 있다. 한편으로, 그는 이러한 지식을 전략적으로 투입함으로써 아직도 전적으로 형이상학에 갇혀 있는 전통철학을 공격하려고 한다. 다시 말해 그는 전통 형이상학의 지식이 몸이 가진 욕구들의 무의식적 위장술에 얼마나 큰 빚을 지고 있는지와 같은 이교도(異敎徒)적 물음을 던진다. 이러한 몸의 욕구들이 무의식적으로 위장되어 나타난 것이 "객관, 이념, 순수정신이라는 외투"이기 때문이다. 이 의심이 타당하다면, 다른 한편으로 철학에서 갑자기 '몸성(Leiblichkeit)'이 우선시될 것이고, 그뿐만 아니라 철학은 어떤 — 스스로 무의식으로 남아 있는 — 몸의 징후에 대한 해석으로 이해될 것이다. 개별 철학의 특징은 그 개별 철학의 창시자에게 숨겨져 있는 건강과 병의 조건 속에서 해석될 수 있다. 건강과 병은 이제 더 이상 철학의 대상으로서만 존재하는 것이 아니다. 오히려 철학 자체가 '몸성'이라는 조건에 의존하고 있는 셈이다.

니체가 이러한 관점을 우선적으로 관철시키길 원한다고 할지라도 그의 의도가 순수 정신으로의 지향이라는 지금까지의 편협성을 생물학적 및 물리학적 환원주의라는 새로운 편협성으로써 대체하려는 것은 결코 아니다. 그는 근대 자연과학의 가치 정립을 긍정적으로 평가하지 않는다. 그가 말하는 몸성은 어떤 순수 유전자적 요인을 의미하는 것이 아니다. 몸성은 어떤 문제 해결의 실마리가 될 수 있고, 실마리가 되어야 한다. 이를 위해 전제가 되는 것은 이제 더 이상 몸성을 삶과 분리된 관점에서 관찰해서는 안 된다는 점이다. 그리고 우리의 삶을 몸적인 삶으로 이해하고 몸적인 삶에서 비롯되는 요구, 의존, 욕구를 새롭게 심층적으로 사유해야 한다는 점이다. 인간은 자기 자신을, 말하자면 몸도 포함하여 총체적으로 이해하는 것을 전제로 할 때야 비로소 실천적인 삶의 기술을 습득할 수 있다. 그때야 비로소 지속적인 자기 형성의 길이 건강에 이르는 길로서 나타날 것이다.

몸을 망각하고 경멸하는 오만한 전통으로부터 사유와 의식을 해방시키려는 시도는 도덕과 문화에 대한 전면적인 비판의 맥락 속에 있다. 이와 같이 니체가 비판하는 대상은 사악하다고 낙인찍고 싶은 모든 것에 '몸적'이라는 이름을 붙이고자 애썼던 2천 년 동안의 전통이다.

　니체는 몸성의 복권을 위해 근대 감각생리학의 지식만을 도입한 것이 아니다. 그의 날카로운 문화 비판의 근거가 되는 두 번째 준거점은 고대 그리스-로마다. 고대의 '섭생학'은 본래 생활과 건강에 관한 포괄적인 이론의 지위를 갖고 있었다. 정신과 감각의 최고 영역들은 이 이론 속에서 하나로 통일되어 있었다. 니체는 '소포스(sophos, 지혜로운 자)'라는 말이 어원상 '사피엔스(sapiens)'에서 유래한다는 사실을 자신의 작품 속에서 여러 번 강조했다. 사피엔스는 '인식하는 자(Wissender)'뿐만 아니라 동시에 '맛보는 자(Schmeckender)'를 의미한다고 한다. 따라서 지혜로운 자는 인식과 처분 가능한 수많은 것 가운데서 자신의 특수한 조건과 욕구의 지평에 맞게 성장하게 하고 성숙하게 하고 결실을 낳게 하는 영향력을 가진 것들을 선택하고 맛볼 줄 아는 사람이다. 또한 그는 장기적으로 볼 때 자신의 행복에 도움이 되지 않는 많은 것을 무시하고 분리시킬 수 있는 사람이다. 이러한 유형의 판단의 힘, 다시 말해 이러한 유형의 취미판단의 형성은 몸, 정신, 영혼의 상호작용 속에서 성장하는 것이지 단순한 반성으로부터 성장하는 것은 결코 아니다.

　니체는 사유에 **대립하기 위해서**뿐만 아니라 특히 사유를 **위해** 몸과 감각의 영역을 복권시키려 했다. 그가 얼마나 몸과 감각을 복권시키려고 노력했는지는 "인간이란 리듬과 형식을 만들어내는 존재"라고 강조할 때 분명하게 드러난다. 인간 이해에 도달하기 위한 입구는 이러한 리듬과 형식을 통해 비로소 발견될 수 있다.

　이 생각은 특히 독서에 적용된다. 책을 읽으려면 준비해야 하고, 책을 잘 읽고 이해하려면 시간을 잘 선택해야 한다. 이때도 역시 중요한 것은 자신에게 맞는 "좋은 시간과 생산적이며 활력 있는 순간"을 잘 알고 선택하는 일이다. 이것이 바로 그리스인이 '카이로스(kairos)', 즉 특별한 기회의 시간으로 불렀던 것이다. 그리고 사유가 "여름날 저녁의 밀밭과 같은 향기를 내는" 것처럼 독자도 개방된 감각을 가지고서, "섬세한 손가락과 눈"을 가지고서, 리듬과 박자와 속도에 민감한 귀를 가지고서, 사유의 호흡과 걸음에 필요한 직감을 가지고서 책을 읽어야 할 것이다.

차례

차례

인용방법

▲ 니체의 저작은 다음의 판본에 따라 인용한다.

△ Friedrich Nietzsche: Sämtliche Werke. Kritische Studienausgabe in 15 Bänden. Hg. Giorgio Colli u. Mazzino Montinari, München (dtv/de Gruyter) 1988. [약어: KSA](이 판본은 책세상출판사의 '니체 전집(21권)'으로 출간되어 있음)

△ Friedrich Nietzsche: Nietzsche Werke. Kritische Gesamtausgabe, begründet von Wolfgang Müller-Lauter u. Karl Pestalozzi, Berlin/New York (de Gruyter). [약어: KGW]

△ Friedrich Nietzsche: Sämtliche Briefe. Kritische Studienausgabe in 8 Bänden. Hg. Giorgio Colli u. Mazzino Montinari, München (dtv/de Gruyter) 1986. [약어: KSB]

▲ 인용 시 책 이름은 본문에 기입하고, '판본', '권 번호', '페이지 수'는 미주에 순서대로 기입한다.

▲ 『유고』 인용 시에는 유고 번호를 추가로 기입한다.

책 이름의 원어

『비극의 탄생』: Die Geburt der Tragödie aus dem Geiste der Musik

「역사의 유익함과 해로움에 대하여」: Über Nutzen und Nachteil der Historie für
  das Leben

「교육자로서의 쇼펜하우어」: Schopenhauer als Erzieher

『인간적인 너무나 인간적인』 I : Menschliches, Allzumenschliches, Bd. I

『인간적인 너무나 인간적인』 II : Menschliches, Allzumenschliches, Bd. II

『아침놀』: Morgenröthe

『즐거운 학문』: Die fröhliche Wissenschaft

『차라투스트라는 이렇게 말했다』 I~IV: Also sprach Zarathustra Teil I~IV

『선악을 넘어서』: Jenseits von Gut und Böse

『도덕의 계보학』: Zur Genealogie der Moral

『바그너의 경우』: Der Fall Wagner

『우상의 황혼』: Götzendämmerung

『이 사람을 보라』: Ecce Homo

『니체 대 바그너』: Nietzsche contra Wagner

『유고』: Nachgelassene Fragmente

1

"
실천하기 위해
사유하고 연구하는 사람이
아직도 있단 말인가?
"

실천으로서의
철학

니체는 철학을 실천적인 것으로 이해하고 또 그렇게 이해되기를 바란다. 하지만 실천으로서의 철학은 대학의 강단철학과는 별로 상관이 없다. 니체는 추상적인 지식에 파묻혀 삶과 동떨어진 지식의 탐닉에 전념하면서도 전문가임을 자부하는 학자들에 맞서 지혜로운 자의 형상을 제시한다. 니체는 이 지혜로운 자의 모범적인 형태가 고대의 '소포스(sophos)'라는 형상에서 인상적으로 등장한다고 본다. 소포스에게 인식이란 무엇보다 행위를 위한 수단이자 삶을 위한 방법이다. 니체는 학자적인 '교양문화'로부터 멀리 떨어져 있다. 그는 사유를 위해 노력하지만, 그렇다고 책들의 숲속을 뒤져가며 인식하는 데만 자신의 노력을 국한하지 않는다. 그는 겉으로 볼 때 동일한 가치를 갖는 것처럼 보이는 사유 체계의 다양성 때문에 잘못된 길로 빠지지도 않는다. 그는 여행을 하면서, 그리고 사람들과 개인적인 교류를 하면서 자기 자신을 형성해간다. 그는 사람들을 선입견 없이 개방적으로 대한다. 그가 세계를 사유하는 데 전념하는 이유는 세계 안에서 자신을 망각하기 위해서라기보다는 세계 안의 다양한 목소리를 이해하기 위해서다. 그리고 그는 체험된 모든 것을 자신을 위해 창조적인 것으로 만들려는 의도를 갖고 있다.

　　니체는 방랑자적 삶 속에서 얻은 인간과 사물에 관한 자신의 폭넓은 지혜가 높게 평가되거나 그런 찬양의 분위기에서 다음 세대에 전달되는 교의(敎義)로 굳어지는 것을 바라지 않는다. 물론 그는 진술한 사례들을 제시함으로써 우리에게 설득력 있게 다가온다. 그는 각자가 자신을 위해 걸어가야 하는 삶의 과정이나 세계와의 교류 속에서 자신의 전제와 욕구와 소질을 깨닫는 삶의 과정과 관련해 모범적인 사례들을 설득력 있게 제시하고 있다.

- - - - -

성실한 연구자를 위한 제안 — [...] 하루를 다양하게 분할하는 방법에 관해, 노동과 축제와 휴식을 규칙적으로 정할 때 나타날 결과에 관해 연구해본 적이 있는가? 음식물의 도덕적 효과에 대해서는 알고 있는가? 섭생의 철학이 존재하는가?(채식주의에 대한 찬성과 반대가 끝없이 분란을 일으키고 있다는 사실은 여전히 그러한 철학이 없다는 것을 증명한다!) 공동생활에 관한 경험, 예컨대 수도원 생활에 관한 경험이 수집된 적이 있는가? 결혼과 우정의 변증법이 서술된 적이 있는가? 학자의 윤리, 상인의 윤리, 예술가의 윤리, 그리고 수공업자의 윤리 — 이러한 윤리들에 관한 사상가가 존재한 적이 있는가? 이러한 것들에 관해 많은 연구가 필요하다! 인간이 지금까지 '실존 조건'으로 고찰해온 모든 것, 그리고 이를 고찰하는 도구로서의 이성, 정열, 미신과 같은 모든 것 — 이 모든 것을 끝까지 철저하게 탐구한 적이 있는가? 『즐거운 학문』 **2**

- - - - -

철학자의 교육

이른 시기에 여행을 하게 함으로써 국가적인 사안에 관해 무관심하게 만드는 것.

인간을 경험으로 아는 것, 그리고 책을 적게 읽는 것.

공동기숙사 문화가 없을 것.

국가와 그 의무들을 가볍게 생각하는 것. 또는 이민 가는 것.

현학적이지 않게. 대학 교육과 무관하게.

또한 철학의 역사와도 무관하게. 철학자가 진리를 추구하는 것은 자기 자신을 위해서이지 책을 쓰기 위해서가 아니다.

『유고』(1874년 초~1874년 봄) **3**

- - - -

무명으로 또는 쉽게 비웃음을 당하면서 살아가는 것, 질투심이나 적의를 불러일으키지 못할 정도로 낮은 자세로, 차가운 두뇌와 한 줌의 지식과 한 자루의 경험을 가지고서, 이를테면 정신의 가난한 의사로 살아가는 것, **여러 의견에 의해 혼란스러운 머리를** 가진 이런저런 사람들을 누가 도와주었는지 상대방이 전혀 알아채지 못하게 하면서 도우며 살아가는 것! 상대에 대해 옳음을 주장하거나 승리를 즐기려는 것이 아니라 오히려 별로 눈에 띄지 않는 암시나 반론 후에 상대가 자기 스스로 옳은 것을 말할 수 있고 이에 대해 긍지를 갖고 앞으로 나아갈 수 있도록 상대에게 이야기하는 것! 도움이 필요한 사람은 어느 누구도 거절하지 않지만, 나중에는 잊히거나 비웃음을 당하는 소박한 여관처럼 존재하는 것! […] 많은 사람과 가까이할 수 있고 어느 누구의 자존심도 상하지 않게 할 정도로 낮게 살아가는 것! 비밀의 통로를 통해 수많은 숨겨진 영혼들에 도달하기 위해 온갖 부당함을 몸에 짊어지고 모든 종류의 오해의 괴로움 속으로 휘감겨 들어가는 것! […] — 이것이 아마도 삶일 것이다! 이것이 어쩌면 삶을 오래 살 만한 이유일 것이다! 『아침놀』 **4**

- - - -

    무엇인가를 가능하게 하는 철학이나 무엇인가를 증명하는 철학, 예컨대 철학에 따라 삶을 살려는 시도를 가능하게 하거나 그러한 시도가 가능한지를 증명하는 철학을 비판적으로 성찰하는 것에 대해 대학에서는 단 하나도 가르치지 않는다. 대학에는 언제나 말에 관한 말의 비판이 있을 뿐이다. 삶의 경험도 많지 않으면서, 말로써 구성된 50개의 체계와 이에 대한 50개의 비판이 나란히 어지럽게 뒤섞여 저장되어 있는 청년의 머리를 상상해보라. 이 무슨 혼란이고 황폐이며, 이 무슨 철학교육에 대한 조롱이란 말인가! 사실 여기서는 철학을 위해서가 아니라 철학 시험을 위해 청년이 교육을 받고 있는 것이 분명하다. 주지하다시피 그 결과는 시험을 본 사람이, 시험을 너무나 자주 본 사람이 "다행히도 나는 철학자가 아니라 그리스도교도이고 우리 국가의 국민이다!"라고 깊은 한숨을 쉬며 고백할 때 흔히 잘 나타난다.　「교육자로서의 쇼펜하우어」 **5**

- - - -

    우리는 교양이 없다. 더군다나 우리는 삶을 사는 능력, 정확히 쉽게 보고 듣는 능력, 그리고 가까운 것과 자연적인 것을 행복하게 파악하는 능력을 상실했다. 우리는 지금까지 한 번도 문화의 기본을 가져본 적이 없다. 왜냐하면 우리 자신 안에 진정한 삶이 있다는 것을 스스로 확신하지 못하기 때문이다. 우리는 붕괴되고 와해되고 전체로서는 내면적인 것과 외면적인 것이 기계적으로 반쪽씩 분해된 채, 용의 이빨 같은 개념으로 뒤덮여 개념이라는 용을 만들어내면서, 게다가 언어의 병에 괴로워하면서도 아직 언어의 낙인이 찍히지 않은 자신의 감각에 대해서는 어떤 것도 신뢰하지 않는다. 이와 같이 생명은 없지만 무섭도록 활동적인 개념과 언어의 공장으로서, 나 자신에 대해 "나는 생각한다. 고로 나는 존재한다"라고 말할 권리는 있지만, "나는 살고 있다. 고로 나는 존재한다"라고 말할 권리는 여전히 없다. 『역사의 유익함과 해로움에 대하여』 **6**

- - - -

그리스인은 발견자이자 여행자이자 식민지의 개척자다. 그들은 배울 줄 안다. 무서운 학습능력이 있다.

우리의 시대는 그들의 지식 욕구가 얼마나 강했는지 믿을 수 없을 것이다. 그리스인에게는 모든 것이 오직 삶이 되었을 뿐이다! 우리에게는 그것이 인식으로서 머물러 있다! 『유고』(1872년 여름 ~1873년 초) **7**

- - - -

한 민족의 **갑작스러운 확장**은 학문적 인식의 갑작스러운 과잉 같은 위험을 동반한다. 통찰에서 삶으로의 길, 인식에서 실천으로의 길, 과학에서 예술로의 길은 망각된다. 그저 지식 안에서 호사스러운 탐닉이 시작된다. 문화를 생산하는 사람들이 평온하게 지속해온 작업은 인식에 금지를 가진 사람들에 의해 갑작스럽게 뒤덮인다. 이제 더 이상 어느 누구도 작은 길을 실천적으로 가려 하지 않고, 더 나은 지식을 이기적으로 얻는 데만 몰두한다.

『유고』(1873년 봄) **8**

- - - -

우리가 그야말로 문화에 도달하기를 바란다면, 전대미문의 예술적 힘이 필요하다. 그것은 무제한의 인식 욕구를 중단하고 다시 하나의 통일성을 만들어내기 위해서다. **철학자의 최고의 위엄은 무제한의 인식 욕구를 집중시켜 통일성으로 종합하는 데서 드러난다.** 『유고』(1873년 봄) **9**

- - - -

저항에 대한 놀라움 ― 우리가 어떤 것을 꿰뚫어볼 수 있다면, 우리는 그것이 더 이상 아무런 저항도 할 수 없을 것이라고 생각한다. 이때 우리는 그것을 꿰뚫어볼 수는 있지만, 꿰뚫고 나갈 수는 없다는 사실에 놀란다! 이것은 파리가 모든 유리창 앞에서 겪는 것과 똑같은 어리석음이고 똑같은 놀라움이다. 『아침놀』 **10**

- - - -

가장 믿을 만한 지식이나 신앙일지라도 실천적 행위를 위한 힘을 줄 수 없고 실천적 행위를 위한 능력도 줄 수 없다. 지식과 신앙은 연습이라는 섬세하고 복잡한 메커니즘을 대신할 수 없다. 어떤 것이 생각에서 행위로 전환될 수 있기 위해 미리 선행되어야 하는 것이 연습이다! 그 어떤 것보다 먼저, 첫째로 실행! 즉, 연습, 연습, 연습이다! 『아침놀』 **11**

- - - - -

지혜로운 자의 실천으로부터 현명해지기 위해서는 특정한 경험을 체험**해보려고** 해야 한다. 이를테면 자기 자신이 체험의 목구멍 속으로 들어가 봐야 한다. 물론 이 일은 매우 위험하다. 많은 '지혜로운 자들'이 그렇게 해서 먹혀버렸기 때문이다. 『인간적인 너무나 인간적인』 II **12**

- - - - -

시간에 맞지 않게 관찰하려고 하지 말 것 ─ 어떤 것을 체험하고 있는 동안에는 이 체험에 몰두해야 하고, 눈을 감고 있어야 한다. 말하자면 **그때** 벌써 그것에 관한 관찰자가 되어서는 안 된다. 왜냐하면 그것이 체험의 좋은 소화를 방해하기 때문이다. 사람들은 지혜가 아니라 소화불량만 얻게 될 것이다. 『인간적인 너무나 인간적인』 II **13**

- - - - -

책략으로서의 사랑 ─ 어떤 새로운 것을 진정으로 **알고자** 하는 사람은 (그것이 사람이건, 사건이건, 책이건 간에) 이 새로운 것을 가능한 모든 사랑으로써 받아들이는 것이 좋고, 이 새로운 것이 적대적이고 불쾌하고 잘못된 것일 경우에는 이 모든 것으로부터 재빨리 시선을 돌릴 뿐만 아니라 더 나아가 이 모든 것을 완전히 잊어버리는 것이 좋다. 예컨대 사람들은 어떤 책의 저자에게 최상의 점수를 주고서는 그야말로 마치 경주할 때처럼 가슴을 두근거리며 그 저

자가 목표에 이르기를 기원한다. 말하자면 사람들은 이러한 방식으로 새로운 사안의 핵심이나 원동력에까지 다가간다. 이것이 바로 그 새로운 사안을 알게 되었다는 뜻이다. 사람들이 그 정도에까지 이르면, 지성이 나중에 제한을 가한다. 그렇게 과대평가하는 것, 그렇게 비판의 추를 잠시 떼어놓는 행위는 사실 어떤 사안에 들어 있는 영혼을 밖으로 유인하려는 책략이었다. 『인간적인 너무나 인간적인』I **14**

- - - - -

좋은 경작지 ─ 모든 거절과 부정은 생산할 능력의 부족을 보여주는 것이다. 만약 우리가 기본적으로 좋은 경작지라면, 우리는 어떤 것도 이용하지 않아 썩어버리게 하지는 않을 것이고, 그 어떤 일에서나 그 어떤 사물에서나 그 어떤 인간에서도 적절한 거름이나 비 또는 햇빛을 발견할 수 있을 것이다. 『인간적인 너무나 인간적인』II **15**

2

"
자신의 병을
쟁기에 매단다
"

건강과
병

니체에 따르면 철학은 개인 각자의 삶에서 꼭 필요한 것들과 밀접한 연관이 있다. 철학적 실천 중 하나는 인간을 총체적으로 관찰할 수 있는 관점을 마련하는 것이다. 예컨대 몸, 정신, 영혼을 그것들 사이의 상호작용 속에서 파악하는 것이다.

이러한 총체적인 관찰 관점에서 병과 건강을 이해한다면, 병과 건강이라는 상태는 정확히 정의되기 어려울 뿐만 아니라 명확히 부정적인 것 아니면 긍정적인 것으로 평가되는 대립의 상태도 아니다.

이 철학자는 자신의 고유한 경험을 통해 병과 고통이 주는 여러 좋은 기회에 대해 알고 있다. 병과 고통은 영혼의 욕구나 위기 상태를 나타내는 귀중한 지표일 수 있다. 영혼의 욕구나 위기 상태는 그 자체로 보면 종종 우리에게 맞지 않는 삶의 방식으로부터 생겨난다. 개인들이 너무 오랫동안 '자기 없이(selbstlos)' 삶을 살다 보면, 다시 말해 아무런 성찰 없이 외부로부터 자신에게 주어진 다양한 요구에 복종하면서 살다 보면, 자연은 때때로 그를 구원하러 온다. 어떤 병과 함께 말이다. 병은 사람들로 하여금 일상적 삶의 궤도에서 벗어나도록 하고, 여가를 갖도록 강요하며, 그렇게 해서 자기성찰을 위한 공간과 조건을 만들어준다. 그는 자신의 삶에 거리를 두면서, 말하자면 외부로부터 바라볼 기회를 갑작스럽게 갖게 되는 것이다. 이때 어쩌면 고통의 결과로서 생겨난 섬세한 시선도 함께할 것이다. 이 섬세한 시선은 자기 자신이 전혀 선택하지 않았음에도 얼마나 많은 것을 그렇게 오랫동안 참고 견뎌왔는지에 관해 서서히 눈뜨게 해줄 것이다.

이와 같이 병은 '고귀한 건강(höhere Gesundheit)'을 향한 첫걸음일 수 있다. 니체는 고귀한 건강을 확정된 목표가 아니라 개인적 삶의 기획으로 제시한다. 모든 사람에게 요구되는 것은 자신의 육체, 정신, 영혼에 활기가 될 수 있는 것, 자신의 것으로 만들 수 있는 것, 자신의 삶을 실제로 변화시킬 수 있는 것을 단호하게 추구하는 일이다. 병과 고통은 이러한 관점에서 보면 징후의 성격을 갖고 있다. 니체는 병과 고통을 건강에 이르려는 자연적 본성의 시도로 이해한다. 병과 고통은 잠재적인 에너지를 밖으로 동원해내거나 자신의 힘으로 삶을 잘 이끌어가도록 가르쳐주는 강력한 촉진제이자 자극제다. 고통은 모든 변화와 성장에 선행하는 것이고, 모든 새로운 창조를 동반하는 것이다.

니체는 핀다로스에게서 가져온 "너 자신이 되어라"라는 구호에 맞게, 일종의 삶의 모토로 선택된 이 구호에 맞게 자기 자신에 이르는 방법에 대한 어떤 내용적 지침을 독자들에게 제시하지 않는다. 그의 작품을 빨리 도움을 주는 삶의 매뉴얼로 사용할 수 있기를 바라는 사람이 있다면, 그 사람은 실망할 것이다. 니체는 사람들이 이러한 길에서 자기 자신에게 어떻게 도달할 수 있는지에 관한 방법적 지침에 관해서도 몇 가지만 받아들일 수 있다고 생각했다. 명확하고 진실한 자기 관찰을 위해 용기와 힘을 키우는 것, 그러한 용기와 힘이 생겨나고 지속될 수 있는 조건과 의존 상황을 정확히 파악하는 것과 같은 몇 가지다. 한 사람을 그 자신의 길로 인도하는 것은 어떤 발견될 진리가 아니라 바로 자기 자신에 대한 진실이다. 건강한 삶을 위한 개인적인 조건들은 자신의 길 위에서,

즉 자신의 욕구와 충동, 격정과 이상을 갖고서 일생 동안 자기 자신과 용기 있게 실험할 것을 요구하는 그러한 길 위에서 발견될 것이다.

- - - - -

심리학자에게 건강과 철학의 관계에 관한 물음보다 더 흥미 있는 물음은 거의 없을 것이다. 그리고 심리학자 자신이 병든 경우에는 자신의 병에 학문적 호기심 전체를 집중시킬 것이다. [⋯]

병의 압박에 의해 생겨난 사상은 도대체 어떤 모습일까? 바로 이 물음이야말로 심리학자가 관심을 갖는 물음이다. 그리고 이것에 관해서는 실험이 가능하다. 『즐거운 학문』[16]

- - - - -

마음에 역행해서 ― 어떤 사상가도 몇 년 동안은 자신의 마음에 역행해서 사유하는 것을 자신에게 강제할 수 있다. 말하자면 그는 내면에서 우러나오는 생각을 따르는 것이 아니라 어떤 직책이나 어떤 규정된 시간 배분이나 어떤 임의적인 조심스러움 때문에 자신에게 의무처럼 보이는 생각을 따를 수 있다. 하지만 결국 그는 병에 걸릴 것이다. 왜냐하면 이러한 외견상의 도덕적인 극복은 철저하게 그의 신경의 힘을 망가뜨리기 때문이다. 습관이 되어버린 방탕이 그렇게 할 수 있는 것처럼 말이다. 『아침놀』[17]

- - - - -

병이란 건강에 도달하기 위한 서투른 시도다. 우리는 정신을 통해 본성을 구원해야 한다. 『유고』(1882년 11월~1883년 2월)[18]

- - - - -

인간은 힘닿는 대로 고통으로부터 달아날 뿐만 아니라 더 나아가 견뎌낸 고통의 의식으로부터도 달아난다. 그는 항상 새로운 목표를 통해 저 배후에 있는 것을 망각하려고 한다. 가난하고 고통받는 자가 삶의 황량한 해안가로 던져질 운명에 반항하고 있다면, 그는 자신의 고통의 심장부에서 자신에게 질문하면서 자신을 쳐다보고 있는 어떤 심층의 눈초리를 외면하고 있는 셈이다. 그것은 다음과 같이 말하고 싶어 할지 모른다. "삶을 파악하는 것이 너에게는 쉽지 않은 모양이구나?" 『유고』(1874년 봄~여름) **19**

- - - -

나 자신에게 굴복하고 나 자신과 친하게 지내고 나 자신을 혼동하는 것이 지속되는 데 대해 내 본능이 냉혹한 결단을 내린 것은 바로 그때였다. 갖가지 종류의 삶, 최고의 악조건, 병, 빈곤, 이 모든 것이 나에게는 저 무가치한 '사심 없음'보다 나아 보였다. 처음에 내가 거기에 빠진 것은 무지했고 **어렸기** 때문이다. 나중에는 타성 때문에, 이른바 '의무감' 때문에 빠져나오지 못하고 거기에 머물러 있었다. 바로 그때, 내가 아무리 감탄해도 충분하지 않을 방식으로, 그리고 매우 적시에 내 아버지 쪽의 저 **나쁜** 유산이 나를 도와주었다. 그것은 근본적으로 요절할 나의 운명이다. 병이 **서서히 나를 해방시켜주었다**. 병은 나를 어떤 마찰도 일으키지 않게, 어떤 난폭하거나 충돌적인 행보도 하지 않게 만들었다. 당시 나는 호의를 잃지 않았고, 오히려 더 많은 호의를 얻었다. 마찬가지로 병은 나에게 모든 습관을 완전히 바꿀 권리를 부여했다. 병은 나에게 망각을 허용했고, 망각하라고 **명령했다.** 병은 나에게 조용히 누워 있고, 여가를 갖고 기다리고 인내할 필요성을 던져주었다. 그런데 이것이야말로 사유한다는 것이 아니겠는가! 『이 사람을 보라』 **20**

- - - -

병의 가치 ─ 병이 들어 침대에 누워 있게 된 사람은 흔히 자신의 직업이나 사업이나 사교 때문에 병에 걸려 있으며 그러한 것들로 인해 자신에 대해 숙고하는 일을 완전히 잊고 지냈다는 사실을 때때로 깨닫곤 한다. 그는 병이 강요한 여가로부터 이러한 지혜를 얻는다. 『인간적인 너무나 인간적인』Ⅰ **21**

- - - -

병자의 인식에 대해 ─ 오랫동안 끔찍하게 고통에 시달렸으나, 그럼에도 지성이 흐트러지지 않은 병자의 상태는 어떤 통찰을 위해 가치가 있다. 각자의 깊은 고독, 그리고 모든 의무와 습관으로부터 갑작스럽게 허용된 해방이 만들어내는 정신적인 혜택에 대해서는 더 말할 것도 없다. 무서운 병고에 시달린 사람은 자신의 상태로부터 대단히 냉철하게 사물을 **바라본다.** 건강한 사람의 눈에 비치는, 흔히 사물을 둘러싸고 있는 매력은 병자에게는 그저 보잘것없고 기만적인 속임수로밖에 보이지 않는다. 그야말로 병자 자신은 어떤 솜털도 색채도 없는 모습으로 자신 앞에 존재한다. 지금까지 그가 어떤 위험한 환상 속에서 살아왔다고 전제한다면, 이렇게 고통을 통해 최고의 냉철함을 갖는 것은 그를 환상에서 벗어나게 하는 수단이고, 어쩌면 유일한 수단일지도 모른다. [⋯] 고통에 저항하려는 지성의 엄청난 긴장은 그가 지금 바라보는 모든 것을 어떤 새로운 빛 속에서 빛나게 한다. 그리고 이 모든 새로운 빛이 선사하는 이루 말할 수 없는 자극은 자살에 대한 모든 유혹을 저지할 수 있을 만큼, 다시 말해 병자가 계속 살아가는 것이 가장 바람직하다고 생각하게 할 수 있을 만큼 충분히 강력한 것이다. 병자는 건강한 사람이 아무런 숙고 없이 거닐며 다니는, 안개에 둘러싸인 안락하고 따뜻한 세계를 경멸하며 회상한다. 그는 예전에 자신이 탐닉했던 가장 고귀하고 사랑스러운 환상을 경멸하며 회상한다. [⋯] 우리의 긍지가 전례 없이 한껏 고양된다. 이 긍지가 고통 같은 전제 군주에 대항하면서, 삶에 반대증명서를 교부하게끔 하기 위해 고통이 우리에게 속삭이는 모든 귓속말에 대항하면서 — 바로 그러한 전제 군주에게 대항하면서 **삶**을 **변호**한다는 것은 무엇보다 그에게 매력적인 것이다. [⋯] 이제 완화와 회복의 최초 징후가 보인다. 그리고 그것의 최초 작용은 거의 우리 자신의 넘치는 교만을 막는 것으로 나타난다. [⋯] 우리는 좀 더 갈망하는 시선으로 다시 인간과 자연을 응시한다. 우리는 슬픈 미소를 지으면서 지금 우리가 그것들에 관한 것 중 몇 가지를 이전에 비해 새롭게, 다르게 알고 있다고, 그리고 어떤 베일이 벗겨졌다고 생각한다. 그러나 삶의 **부드러워진 빛**을 다시 보는 것, 그리고 우리로 하여금 고통스러운 자로서 사물을 보게 했고 그래서 사물을 꿰뚫어보게 한 무섭도록 냉철한 밝음에서 다시 벗어나는 것은 우리의 기분을 참으로 **상쾌하게** 한다. 우리는 건강의 마술이 다시 놀이를 시작하더라도 화내지 않는다. 우리는 딴 사람이 되어 다시 태어난 것처럼 온화하게, 그리고 여전히 피로는 느끼면서 지켜볼 것이다. 이 상태에서는 눈물을 흘리지 않고는 음악을 들을 수 없을 것이다. 『아침놀』22

- - - -

병마저도 인식의 수단이자 인식을 낚는 낚싯바늘로서 함께 가지고 갈 수 있는, 저 무섭고도 넘쳐흐르는 안정과 건강에 이르는 길은 아직 멀리 있다. 그야말로 마음의 자기 지배임과 동시에 수양이고 수많은 대립적 사유방식에 길을 허용하는, 저 **성숙한** 정신의 자유에 이르는 길은 아직 멀리 있다. 정신이 자신의 길에서 어쩌다 길을 잃고 자신에게 사랑에 빠져 어느 한 구석에 취한 듯 주저앉아 버리고 마는 위험을 몰아낼 수 있는, 저 내면적인 광대함과 자유분방함의 넘치는 풍요에 이르는 길은 아직 멀리 있다. 그리고 그야말로 **위대한** 건강의 표시인, 저 유연하고 치유하고 복제하고 재건하는 힘의 흘러넘치는 충만함에 이르는 길도 아직 멀리 있다. [...] 그 사이에는 오랜 회복의 시간이 놓여 있을 것이다. 그 시간은 고통스러우면서도 매혹적인 매우 다채로운 변화로 가득할 것이고, 끈질긴 **건강에의 의지**에 의해 지배되고 규제될 것이다. 때때로 이러한 건강에의 의지는 건강의 의상을 입고서 이미 건강한 것처럼 건강을 가장하려고 할 수도 있을 것이다. 거기에는 나중에 이러한 운명에 놓인 한 인간을 아무런 감동 없이는 회상할 수 없는 어떤 중간 상황이 있다. 희미하고 섬세한 빛과 햇살의 기쁨이 그에게 있다. 새의 자유와 조망과 넘치는 용기, 그리고 호기심과 부드러운 경멸

감이 섞인 제3의 감정이 그에게 있다. 『인간적인 너무나 인간적인』 | **23**

- - - -

저 오랫동안 병들어 있던 시기가 **현재** 나에게는 진실로 이렇게 보인다. 즉, 나는 나 자신을 포함하여 말하자면 삶을 새롭게 발견했다. 나는 다른 사람들이 쉽사리 맛볼 수 없는 온갖 좋은 것과 심지어 사소한 것들도 맛볼 수 있었다. 나는 나의 건강에의 의지와 **삶**에의 의지로부터 나의 철학을 만들었다. 『이 사람을 보라』 **24**

- - - -

의지의 빙점에서 — "고통 없는 황금빛 구름으로 그대를 감싸줄 수 있는 순간이 결국 언젠가 한 번은 찾아올 것이다. 그때 영혼이 자신의 피로감을 즐기면서 끈기 있게 인내하며 행복하게 놀이하는 모습은 마치 호수의 물결과도 같다. 그 물결은 어느 조용한 여름날 영롱히 빛나는 저녁 하늘의 반사를 받으며 물가에서 출렁이고 출렁이다가 다시 잠잠해지는 — 끝도 없이, 목적도 없이, 충족도 없이, 욕구도 없이 — 변화에서 기쁨을 맛보는 완전한 고요이며, 쓸려나가고 밀려들어오는 자연의 맥박과 같다." 이것은 모든 병자가 느끼는 감정이고 언어다. 그러나 그들이 저 순간에 이르게 되면, 짧은 향유 뒤에 지루함이 찾아올 것이다. 하지만 이 지루함은 얼어붙은 의지에 대해서는 봄바람이다. 의지는 잠에서 깨어나 몸을 움직이고, 다시금 하나씩 소망을 낳는다. 소망은 회복이나 향상의 징후다. 『인간적인 너무나 인간적인』 II **25**

- - - - -

　나는 **지루함**이 병자의 고통에 속하는 것이 결코 아니라고 생각한다. 적어도 나에게는 전혀 그런 기억이 없다. 그와는 반대로 내 삶의 좋지 않았던 시기에는 새로운 특정한 감수성이 나를 풍요롭게 해주었다. 뉘앙스의 기술, 뉘앙스를 파악해내는 섬세한 감각 같은 감수성 말이다. 나는 섬세함이야말로 **촉각**을 최고의 정신성으로 고양시켜주는 것으로 이해한다. 병자의 특성인, 이해할 때 저 애정 넘치는 고려와 주의 역시 여기에 속한다. 병자는 지나치게 가까운 접촉을 두려워한다. 이러한 상태에서는 심지어 일상적인 일도 일상적이지 않게 들린다. 이를테면 그 일을 다른 것으로 바꾸어 생각한다. 일상과 우연은 '숭고'라는 체에 걸러진다. 그것은 이제 더 이상 똑같은 것으로 보이지 않게 된다. 『유고』(1888년 10~11월) **26**

- - - - -

　병약함의 이득 ― 자주 아픈 사람은 그만큼 자주 건강해지므로 자신의 건강에 더 많은 기쁨을 누릴 뿐만 아니라, 자신과 타인의 작업이나 활동 안에 있는 건강과 병을 간파하는 최고의 날카로운 감각도 갖게 된다. 그래서 예컨대 병약한 작가들 ― 유감스럽게도 거의 모든 위대한 작가들이 여기에 속한다 ― 은 자신들의 작품 속에서 훨씬 더 안정적이고 균형 잡힌 어조의 건강을 갖게 되는 것이 보통이다. 왜냐하면 그들은 신체적으로 건강한 사람들에 비해 영혼의 건강과 회복의 철학에 대해, 그리고 오전과 햇빛, 숲과 샘물 같은 철학의 교사들에 대해 더 잘 알고 있기 때문이다.

- - - -

예전의 의사들이나 오늘날 몇몇 임상의가 믿고 있듯이, **건강**과 **병**은 본질적으로 전혀 다른 것이 아니다. 우리는 이와 관련하여 별개의 원칙이나 각론을 만들 필요가 없다. 살아있는 유기체를 둘러싸고 서로 논쟁하거나 그렇게 해서 싸움터를 만들 필요가 없다. 그런 것들은 더 이상 아무런 소용이 없는 낡은 수단이나 수다이다. 실제로 건강과 병이라는 삶의 두 유형 사이에는 단지 정도의 차이만이 있을 뿐이다. 일상적 현상의 과장이나 불균형이나 부조화가 병적인 상태를 만들어낸다. 『유고』(1888년 봄) **28**

- - - -

건강과 병약함 — 주의하라! 그것의 척도는 어디까지나 몸의 개화, 정신의 점프력, 정신의 용기, 그리고 정신의 즐거움이다. 물론 그가 병을 얼마나 많이 감수하고 극복할 수 있는지, 그리고 건강하게 만들 수 있는지 역시 그 척도가 된다. 연약한 인간을 몰락시키는 것은 위대한 건강을 위한 자극제에 속한다. 『유고』(1885년 가을 ~1886년 가을) **29**

- - - -

병조차도 삶에 대한 자극제가 될 수 있다. 다만 이러한 자극제에 대해 충분한 건강을 갖고 있기만 하면 된다! 『바그너의 경우』 **30**

- - - -

최상의 치료제 — 건강 상태가 약간씩 좋아지는 것이야말로 병자에게는 최상의 치료제다. 『인간적인 너무나 인간적인』II **31**

- - - -

건강은 1) 넓은 지평을 갖고 있는 사고를 통해, 2) 화해하고 위안을 주며 용서하는 느낌을 통해, 3) 우리가 필사적으로 싸웠던 악령에 대한 우울한 웃음을 통해 드러난다. 『유고』(1880년 말) **32**

- - - -

나는 그 어떤 때보다 내 삶의 가장 어려웠던 시절에 더 깊이 감사해야 하지 않을까라고 종종 나 자신에게 물었다. 나의 가장 내적인 본성이 가르쳐주듯이, 높은 곳에서 보면 모든 것이 다 필연적이고, **거시경제적인** 의미에서는 모든 것이 그 자체로 유용하기도 하다. 인간은 그것들을 견뎌내야 할 뿐 아니라 **사랑해야** 한다. 운명애가 나의 가장 내적인 본성이다. 그리고 나의 오랜 질환에 대해 말하자면, 나는 나의 건강보다 그것에 말할 수 없을 정도로 더 많은 덕을 입은 것은 아닐까? […] 위대한 고통이야말로, 마치 날장작이 시간을 끌며 오래 타는 것처럼 우리를 오랫동안 서서히 태우는 저 고통이야말로 우리 철학자들에게 우리의 가장 깊은 곳으로 내려가라고 강요한다. 그리고 아마도 예전에 우리의 인간성이라고 가정했던 것들, 즉 일체의 신뢰, 호의, 미화, 온화, 중간 등을 우리한테서 떼어내라고 강요한다. 나는 과연 그러한 고통이 우리를 '개선'시키는지에 대해서는 의심이 든다. 하지만 나는 그 고통이 우리를 깊이 있게 한다는 사실은 알고 있다. 『니체 대 바그너』**33**

- - - -

자발적으로 뒤로 물러나 있고, 침착하고, 사물과 우연에 대해 친화적이고, '건강'이라는 매우 작은 햇빛에 감사하고, 고통을 일반적인 것처럼, 전제조건인 것처럼, 자원했던 것처럼 받아들이고, 우리의 목적을 향한 지혜로운 강제 같은 것으로 이용하고 캐물으면서. 『유고』(1886년 여름~1887년 가을)**34**

- - - -

매우 납득하기 어려운 갑작스러운 전환을 보여주면서 갑작스럽게 열리는 천창 같은 그러한 건강이 있다는 것 ― 어떤 깊은 불신감을 즐기면서, 의도적인 **경솔함**과 미래에 대한 무관심으로부터 매번 행복한 순간이 있다는 것 ― 그렇지 않다면 행복은 가능하지 않다. 『유고』(1880년 말)**35**

- - - -

고통 속의 지혜 ― 쾌락에서와 마찬가지로 고통에도 많은 지혜가 들어 있다. 고통은 쾌락과 마찬가지로 종족 보존에 기여하는 최상의 능력에 속한다. 그렇지 않다면, 고통은 오래전에 자취를 감추었을 것이다. 고통이 아픔을 준다는 것은 고통에 반대하는 논거가 될 수 없다. 그것은 고통의 본질이다. 나는 고통 속에서 "돛을 걸어라!"라는 선장의 명령을 듣는다. 대담한 선원인 '인간'은 수천 가지의 돛을 조정하는 기술을 습득해왔음에 틀림없다. 그렇지 않다면 그의 삶은 즉시 끝장났을 것이고, 저 대양은 그를 순식간에 집어삼켰을 것이다. 우리는 또한 더 적은 에너지로 살아가는 법도 배워야 한다. 고통이 안전 경보를 울리는 그 순간이 바로 에너지를 감소시켜야 할 순간이다. 어떤 커다란 위험이, 어떤 폭풍이 다가오고 있는 것이고, 이때 우리는 가능한 한 '돛이 팽팽한 상태가' 되지 않게끔 하는 것이 좋다. 물론 커다란 고통이 다가올 때 그야말로 선장의 명령과 반대되는 것을 듣는 사람들이 있는 것도 사실이다. 폭풍이 밀어닥칠 때, 더욱더 긍지와 전의(戰意)를 가지면서 행복을 느끼며 그것을 똑바로 응시하는 사람들 말이다. 실제로 고통 자체는 그들에게 가장 위대한 순간을 마련해준다! 『즐거운 학문』**36**

- - - -

'산모의 통증'은 일반적으로 고통을 신성한 것으로 만든다. 생성하는 모든 것과 성장하는 모든 것, 그리고 미래를 보증하는 모든 것은 고통을 **전제조건으로 한다.** 창조의 영원한 기쁨이 있기 위해서는 반드시 산모의 영원한 고통이 있을 수밖에 없다. 나는 더 고귀한 상징적 표현을 알지 못한다. 최초로 그리스도교가 성을 **불결한 것으**로 만들었다. 예컨대 '마리아의 원죄 없는 잉태(immaculata conceptio)' 개념은 이제껏 지상에 이루어졌던 것 중에서 가장 비열한 영혼의 행위였다. 그것은 삶의 원천에 오물을 내리부었다.
『유고』(1888년 10~11월) **37**

- - - -

양심이 기본적으로 불쾌한 감정을 만들어내는 한, 인류의 병에 속한다. 『유고』(1880년 여름) **38**

- - - -

사람들은 특히 **그리스도교**를 가장 재기 넘치는 위로 수단의 거대한 보물창고라고 부를 것이다. 그 안에는 수많은 청량제, 진정제, 그리고 마취제가 쌓여 있다. 이러한 목적을 위해 가장 위험한 것과 가장 대담한 것이 수없이 감행되었다. 특히 그리스도교는 어떠한 자극적 감정이 생리적 장애자의 깊은 우울이나 납덩이 같은 피로나 어두운 슬픔을 적어도 일시적이라도 극복할 수 있는지에 대해 매우 섬세하게, 매우 세련되게, 매우 남국적으로 세련되게 알아차리고 있었다. [⋯]

사람들은 [⋯] 삶의 기쁨을 전반적으로 그것의 최저 수준으로 끌어내리는 수단을 통해 저 지배적인 불쾌감과 싸운다. 가능한 한 전혀 욕망하지도 말고 전혀 소망하지도 말 것, 자극하거나 '피'를 만들어내는 모든 것을 피할 것(소금을 먹지 말 것: 수도자의 건강법), 사랑하지 말 것, 미워하지 말 것, 무관심할 것, 복수하지 말 것, 부자가 되지 말 것, 노동하지 말 것, 구걸할 것, 가능한 한 여자가 없거나 여자가 적을 것. [⋯] 그 결과는 심리학적 및 도덕적으로 표현하면 '탈아(Entselbstung)'와 '신성화(Heiligung)'이고, 생리학적으로 표현하면 '최면(Hypnotisirung)'이다. 인간을 위한 이러한 시도는 몇몇 종류의 동물에게는 **겨울잠**이고 열대지역의 많은 식물에게는 **여름잠**인 상태와 유사한 것에 도달하려는 시도이고, 최소한의 물질소비이자 최소한의 신진대사다. 그 속에서 삶은 아직 진정으로 의식되지 못한 채 그저 유지되고 있을 뿐이다. 이러한 목표를 위해 인간은 놀랄 만한 양의 에너지를 소모해왔다. 그것은 헛된 일이었을까? 그러한 '신성함'을 가진 스포츠맨들은 모든 시대와 거의 모든 민족에서 풍부하게 존재했다. 사실상 그들 자신이 그처럼 엄격한 훈련을 받으면서 싸워온 것에서 진정으로 해방되는 방법을 발견했다는 것은 의심의 여지가 전혀 없다. 그들은 수많은 경우에 자신들의 최면수단 체계의 도움으로 실제로 저 깊은 생리학적 우울로부터 벗어났다. 그렇기 때문에 그들의 방법은 인종학의 가장 보편적인 사실로 간주된다. 『도덕의 계보학』 **39**

- - - -

확실한 조언 — 위로를 필요로 하는 사람들에게는 그들이 처한 상황에서 그 어떤 위로도 존재하지 않는다는 충고보다 더 좋은 위로의 수단은 없다. 이 주장은 그들이 다시 머리를 들 수 있게끔 하는 그러한 탁월한 조언이다. 『아침놀』 **40**

- - - -

영혼을 치유하는 새로운 의사들은 어디에 있는가? — 삶이 비로소 저 고통이라는 근본 성격을 갖게 된 것은 위안이라는 수단 때문이었다. 사람들은 지금도 삶에는 근본적으로 고통이 가득 차 있다고 믿는다. 인간의 가장 심각한 병은 자신의 병과 싸우는 과정에서 생겼다. 이와 같이 치료제라고 생각된 것이 장기적으로는 그것에 의해 고쳐져야 할 병보다 더 나쁜 병을 만들어냈다. 사람들은 순간적 효과는 있지만 마비시키거나 도취시키는 치료제, 즉 이른바 '위안'이 실제로 치료하는 힘을 갖고 있다고 생각했다. 무지했기 때문에 그랬다. 그뿐만 아니라 사람들은 이러한 즉석 진통제로 인해 그 대가로서 고통이 전반적으로 심각하게 악화되는 결과를 자주 맞닥뜨렸다는 사실을 결코 깨닫지 못했다. 사람들은 병자들이 도취의 부작용 때문에, 나중에는 도취의 결핍 때문에, 더 나중에는 불안, 신경증, 정신쇠약 등이 짓누르는 전면적인 감정 때문에 고통에 시달릴 수밖에 없었다는 사실을 결코 깨닫지 못했다.

『아침놀』 **41**

- - - - -

가능한 한 의사 없이 산다 ── 병자가 의사의 치료만 받고 스스로 자신의 건강을 돌보지 않는다면, 내게 이것은 경솔한 행동처럼 보인다. 전자의 경우에는 의사가 지시하는 모든 것만 엄격하게 지키면 충분하다. 후자의 경우에는 지시가 목표로 하는 것과 더불어 우리 자신의 건강을 훨씬 더 세심하게 파악하고, 의사의 권유에 따라 하는 것보다 훨씬 더 주의하고 훨씬 더 많은 것을 자신에게 명령하고 금지한다. 모든 규칙은 다음과 같은 효과를 갖는다. 규칙의 배후에 있는 목적을 소홀히 하게 만들고, 그래서 경솔하게 만드는 일이다. 인류가 일찍이 '신의 뜻대로'라는 말에 따라 자신의 의사인 신에게 모든 것을 성실히 전적으로 맡겼더라면, 인류의 경솔함은 얼마나 제어하기 어려운 것으로, 얼마나 파괴적인 것으로 심해졌을 것인가! 『아침놀』**42**

- - - -

우리는 자신의 약점보다는 강점 때문에 더 쉽게 몰락한다. 왜냐하면 약점과 관련해서는 합리적인 삶을 살지만, 강점과 관련해서는 그렇지 않기 때문이다. 『유고』(1880년 봄) **43**

- - - -

많이 자는 것 — 피로하거나 자기 자신에게 싫증났을 때 원기를 회복하려면 무엇을 하면 좋을까? 어떤 사람은 도박장을 권하고, 어떤 사람은 그리스도교를 권하고, 또 어떤 사람은 전기요법을 권한다. 그러나 나의 친애하는 우울증 환자여, 가장 좋은 것은 실제적 의미이든 비유적 의미이든 **많이 자는 것이다**! 그러면 사람들은 다시 자신의 아침을 갖게 될 것이다! 어떤 종류의 잠이든 적절한 때 잠을 잘 줄 아는 기술은 삶의 지혜다. 『아침놀』**44**

- - - -

영혼의 약 — 조용히 누워 있는 것과 생각을 많이 하지 않는 것이 온갖 영혼의 병을 치료하는 가장 저렴한 약이다. 이 약을 선한 의지 속에서 복용하게 되면, 시간이 갈수록 효과는 더 좋아질 것이다. 『인간적인 너무나 인간적인』 II **45**

- - - -

병자와 예술 — 모든 종류의 슬픔과 영혼의 불행을 극복하기 위해 우선적으로 시도해야 할 일은 식단을 바꾸고 몸으로 고된 노동을 하는 것이다. 그러나 사람들은 이 경우 자신을 도취시키는 수단에, 예컨대 예술에 손을 뻗치기 쉽다. 그것은 그들에게나 예술에게나 불행한 일이다! 그대들이 병자로서 예술을 바란다면, 그대들이 예술가들을 병들게 한다는 사실을 어째서 알지 못하는가?

『아침놀』 **46**

- - - -

예전의 교육자라면 현대인에게 좀 더 엄격한 식이요법을 다시 제정하려 했으리라는 점은 의심의 여지가 없다. 사람들은 공기, 태양, 주택, 여행 등을 통해 현대인을 건강하게 할 수 있다고 믿는다. 의학적 자극과 약품을 사용하는 것도 포함해서 말이다. 그러나 인간을 불편하게 만드는 모든 것을 정돈한다는 것은 더 이상 가능하지 않은 것처럼 보인다. 물론 편안하고 안락한 형태로 건강하거나 병드는 것이 삶의 격언이 된 것처럼 보인다. 하지만 그것이 바로 계속되어온 **편협한** 무절제다. 말하자면 자기 규율의 결핍이다. 그것은 결국 일반적인 성급함과 무능력으로 나타날 것이다.

『유고』(1873년 가을~1873/1874년 겨울) **47**

- - - -

가장 필요한 체조 — 작은 자제력이 없을 경우에는 큰 자제력을 가질 능력도 부서져 없어진다. 최소한 하루에 한 번만이라도 사소한 일을 단념해야 한다. 그렇지 않았다면, 그날은 잘못 사용된 것이며 그다음 날은 위험해진다. 자신이 자신의 주인이라는 기쁨을 유지하기 바란다면, 이러한 체조는 반드시 필요하다. 『인간적인 너무나 인간적인』 II **48**

- - - -

적은 복용량 — 어떤 변화가 가능한 한 근본적으로 일어나려면, 극소량의 약을 장기간에 걸쳐 지속적으로 복용해야 한다! 위대한 일이 어떻게 단번에 성취될 수 있겠는가! 『아침놀』 **49**

- - - -

불행한 자들은 단번에 변신을 통해 미덕에 도달하길 원한다! 그리고 실패할 경우 그들은 절망에 빠진다! 그 반면에 연습은 대가(大家)를 만든다. 『유고』(1880년 말) **50**

- - - -

서서히 일어나는 치료 — 만성적인 영혼의 병은 만성적인 몸의 병과 마찬가지로 몸과 영혼의 이성에 대해 크게 한 번 잘못했다고 해서 생기는 경우는 매우 드물다. 만성적인 영혼의 병은 통상적으로 수많은 알아챌 수 없는 사소한 부주의에 의해 발생한다. 예컨대 매일 매우 미세한 정도로 약한 호흡을 하고 폐에서 매우 적은 공기밖에 흡수하지 못하기 때문에 폐가 전체적으로 충분히 움직이지 못하고 연마되지 못한 사람은 결국 이로 인해 만성적인 폐결핵을 앓게 된다. 이 경우 예전과 반대로 수없이 작은 호흡을 하면서 눈치 채지 못하는 사이에 다른 습관이 길러지도록 하는 것 이외에 다른 방법으로는 치료되지 않는다. 예컨대 매일 15분마다 한 번씩 강하고 깊게 호흡하는 것을 규칙으로 삼는 것이다(가능한 한 바닥에 반듯이 누운 채로 하고, 이때 15분마다 울리는 시계가 평생의 반려자로 선택되어야 할 것이다). 이 모든 치료는 **서서히** 그리고 미세하게 이루어진다. 자신의 영혼을 치유하려는 사람도 매우 사소한 습관들을 고치는 것에 관해 숙고하지 않으면 안 된다. 많은 사람이 매일 열 번씩 주변 사람들에게 악의에 가득 찬 차가운 말을 하고서는 그것을 별로 대수롭지 않게 생각한다. 몇 년이 지난 후에도 그는 매일 열 번씩 주변 사람들의 기분을 상할 **수밖에 없도록** 만드는 습관의 **법칙** 하나가 자신에 의해 만들어졌다는 사실에 관해 별로 생각하지 않는다. 매일 열 번씩 주변 사람들의 기분을 좋게 만드는 습관을 가질 수도 있었을 텐데 말이다! 『아침놀』 51

- - - - -

의견의 자유는 건강과 같은 것이다. 이 두 가지는 모두 개인적인 것이며, 이 두 가지 모두에 대해 어떤 보편타당한 개념이라는 것이 마련될 수 없다. 어떤 한 개인에게는 건강을 위해 필요한 것이 다른 한 개인에게는 정말로 병의 원인이 될 수도 있다. 그리고 정신의 자유를 향한 수많은 수단과 방법이 더 높이 발달한 본성의 소유자들에게는 부자유를 향한 방법과 수단으로 여겨질 수도 있

다. 『인간적인 너무나 인간적인』| **52**

- - - -

    우리는 자신이 기대하는 바를 올바르고 정당하다고 부른다. 우리를 놀라게 하는 것, 또 경탄을 자아내는 것을 칭찬하거나 비난한다. 경탄에 대한 최초의 감각은 두려움이다. 칭찬이나 비난은 두려움의 산물이다. 이에 반해 올바른 것과 정당한 것은 우리를 만족시키고, 감정과 관련해 중립적이며, 그리고 건강에 부합한다. 어느 누구나 어떤 상황에서든 자신과 타인에게 기대하는 것, 즉 어떤 문화 전체의 관습적인 것은 다른 문화에서는 관습적인 것이 아니라 오히려 놀라움을 야기하는 것이고, 비난과 칭찬을 불러일으키는 것이며, 여하튼 어떤 경우든 매우 강하게 감각된다. 각 문화는 다른 문화에서 통용되는 건강을 이해하지 못한다. 기대되는 것, 관습적인 것, 건강한 것, 감정에 중립적인 것은 어떤 문화가 스스로 도덕성이라고 부르는 것 중에서 가장 중요한 부분을 차지한다.

『유고』(1880년 봄) **53**

- - - -

    영혼의 건강 — […] 건강 자체는 존재하지 않는다. 그리고 그러한 방식으로 어떤 것을 정의하려는 모든 시도는 비참한 실패를 맛볼 수밖에 없다. 너의 몸을 위한 건강이 무엇을 의미하는 것인지를 규정하는 일조차 너의 목표와 지평, 너의 힘과 추진력, 너의 오류, 특히 너의 영혼의 이상과 환상에 의존한다. 그렇기 때문에 무수히 많은 종류의 몸의 건강이 존재한다. 어떤 단독적이고 비교할 수 없는 것이 자신을 주장하는 것을 더 많이 허용할수록, '인간의 평등'이라는 도그마를 더 많이 버릴수록, 정상적인 식이요법이나 병의 정상적인 진행과정이라는 개념뿐만 아니라 정상적인 건강이라는 개념도 우리 의료인들에게서 더욱더 없어질 것이다. 그러면 비로소 그때 영혼의 건강과 병에 관해 숙고하고, 영혼의 건강 속에서 각자 자신의 고유한 미덕을 발견하는 시기가 찾아올 것이다. 물론 이때 어떤 사람에게 건강으로 보이는 것이 다른 사람에게는 건강에 반대되는 것으로 보일 수도 있다. 결국 여전히 중요한 물음이 미해결 상태로 남아 있다. 우리가 정말 병 없이도 **살 수 있는지**, 병 없이도 우리의 덕을 발전시킬 수 있는지, 인식과 자기 인식을 향한 우리의 갈망은 건강한 영혼만큼이나 병든 영혼을 필요로 하는 것은 아닌지와 같은 물음들 말이다. 간단히 말하면, 오직 건강만을 위한 의지라는 것은 편견이자 비겁이고, 어쩌면 세련된 야만이나 일종의 퇴보일지도 모른다. 『즐거운 학문』**54**

- - - - -

'개인의 치유'에 관해

1) 개인은 가장 가까운 것과 가장 사소한 것에서 출발해야 하고, 자신이 태어나 길러지면서 의존해온 모든 것에 대해 분명히 알아야 한다.

2) 마찬가지로 익숙한 리듬을 가진 자신의 생각이나 감정을 잘 파악해야 한다. 지적인 영양분에 대한 자신의 욕구를 잘

파악해야 한다.

3) 그런 다음 모든 종류의 **변화**를 시도해보아야 한다. 우선적으로는 기존 습관들에서 벗어나기 위해서다(매우 세밀한 관찰 속에서 식이요법을 다양하게 바꿔보는 것).

4) 자신의 반대자들에게 한번은 정신적으로 의지해야 한다. 또한 그들의 음식을 먹어보려고 시도해야 한다. 그리고 그 모든 차원에서 **여행**해야 한다. 그는 이 기간 동안 '불안하고 무상하게' 살아갈 것이다. 때때로 자신의 체험 위에서 **휴식**하고, 그리고 소화해야 한다.

5) 그러면 고귀한 것이 나타난다. 하나의 이상(理想)을 **창안**하고자 하는 시도 말이다. 이 고귀한 것에 선행하는 어떤 것이 있다. 그것은 바로 이러한 이상을 삶으로 사는 것이다.

6) 여러 이상들을 차례차례 두루 경험해보아야 한다.

『유고』(1881년 봄~가을) **55**

3

"
앞을 향해 나아가라, 방랑자여!
너에게는 아직
수많은 바다와 땅이 남아 있다
"

여행 중에
만나는
기회들

'개인의 치유'에 도움이 되는 것은 개인마다 최상으로 삶을 살 수 있고 자신을 펼칠 수 있는 그러한 지리적인 조건이나 역사적·문화적 조건을 찾아가면서 장소와 기후에 관해 여러 실험을 해보는 것이다. 니체는 이러한 외적인(또한 외적이지 않은) 요소들과 관련해서 이제까지 얼마나 '자기에 대한 배려 없이(selbstlos)' 살았는지를 바젤 시대에 생겨난 병을 통해서야 비로소 깨닫게 되었다. 니체는 그 병을 통해 환경과 기후가 자신의 몸과 마음에 미치는 영향에 대해 좀 더 명확하게 숙고할 계기를 얻었을 뿐만 아니라 상이한 환경과 삶의 주변에 대해 지속적으로 실험해야 할 필요성도 느꼈다.

그는 이때의 경험들 때문에 '섭생학'이라는 것을 하나의 개별적인 학문처럼 다루려고 시도했다. 이와 같이 니체는 한편으로 이러한 지리적이고 기후적인 조건에 대한 반응은 개인마다 제각기 다르므로 각자 자신에게 맞는 '자신의' 장소를 찾아야 한다는 것을 분명하게 말한다. 그리고 다른 한편으로는 시간이라는 요소도 중요한 역할을 한다. 특정한 환경이 영향을 미치는 문제는 특히 그 사람이 그 환경에 얼마 동안 머물러 있었는지에 좌우되기도 한다. 이 문제와 관련해서는 유연한 자세를 취하는 것이 좋다. 심지어 니체는 긍정적인 영향을 미치는 몇몇 장소를 규칙적으로 오가는 것을 추천하기도 한다. 그것은 비교를 통해 그 장소들의 영향력을 증대하기 위해서다.

그뿐만 아니라 장소의 변경은 정신의 건강을 촉진하는 데 그치는 것이 아니다. 여행은 잠시 동안일지라도 일상으로부터, 직업의 의무로부터, 주위의 가치평가나 의견으로부터 벗어나는 것을 뜻하기도 한다. 이것은 사람들에게 새로운 전망과 관점을 열어주고 새로운 생각을 위해 머리를 자유롭게 만들어줄 수 있다. 그 밖에도 이러한 거리 두기를 통해 기존의 익숙한 것을 바라보는 시선이 달라질 수 있고, 비교의 관점이 생기면서 기존의 가치관에 대한 당연한 이해가 흔들릴 수 있다. '능동적인 여행자들'은 새롭고 낯선 것에 개방적인 사람들일 뿐만 아니라 자신의 삶에 새로운 에너지를 공급하는 방식으로 새롭고 낯선 것을 수용할 줄 아는 사람들이다. 그들은 일정한 깊이와 넓이의 시야를 갖는 자유정신의 소유자들이다. 그렇기 때문에 그들은 오직 여행자로서만, 유랑자로서만 세계 안에서 '고향 같은 편안한 감정'을 느낄 수 있다는 것을 안다. 유랑생활은 그들의 넓은 사유의 지평과 정신 변화의 능력에 기초를 두고 있다. 그들의 유랑생활이 자기 자신을 잊기 위해 내면의 공허와 황폐와 권태로부터 벗어나 끝없는 변화나 새로움을 갈망하는 사람들의 내면적 불안과 혼란에서 비롯된 것으로 오해되어서는 안 된다.

- - - - -

어느 누구도 아무 곳에서나 살 수 있는 것은 아니다. 더구나 자신의 모든 힘을 발휘하길 요구하는 위대한 과제를 완수해야 하는 사람은 이 점에서 선택이 매우 제한될 수밖에 없다. 기후가 **신진대사**에 미치는 영향, 즉 방해하거나 촉진하는 영향은 매우 큰 것이어서 장소와 기후를 선택할 때 한번 실수하게 되면 자신의 과제를 낯설게 느끼게 될 뿐만 아니라 과제로부터 동떨어지게 된다. 그는 자신의 과제를 전혀 접해볼 길이 없게 된다. 그렇게 되면 결국 동물적 활력이 충분하지 못하여 가장 정신적인 것으로 밀려오는 저 자유에, 오직 나만이 그것을 할 수 있다는 것을 깨닫게 하는 저 자유에 이르지 못한다. [⋯]

나는 탁월하면서도 자유로운 정신을 타고난 사람이 기후를 선택하는 데 섬세한 본능을 갖지 못했기 때문에 편협한 소극적 전문가가 되거나 불평만 늘어놓는 사람이 되는 경우를 알고 있다. 그리고 만약 나의 병이 나를 이성에 눈뜨게 하고 현실 속에서 이성에 대해 숙고하도록 강요하지 않았다면, 나 자신도 결국 그렇게 되었을 수 있다. 매우 섬세하고 신뢰할 만한 측정 도구로서의 나 자신에 대한 오랜 기간의 연습을 통해 기후와 기상의 원인에서 비롯되는 영향을 감지할 수 있게 된 지금, 그리고 예컨대 토리노에서 밀라노까지의 여행 같은 짧은 여행 동안에도 공기의 습도 변화를 생리적으로 측정할 수 있게 된 지금, 삶에서 위험에 처해 있던 지난 마지막 10년을 제외하고는 항상 잘못된 장소에서, 나에게는 **금지된** 장소나 다름없는 장소에서 보냈다는 **끔찍한** 사실을 생각하면

놀라움을 금할 수 없다. […]

바젤에 있는 동안 하루 일과를 포함해서 나의 정신적인 식이 요법은 탁월한 힘들을 완전히 무의미하게 낭비해버린 것에 지나지 않았다. 이 낭비를 충당할 만한 어떤 새로운 힘의 공급 없이, 그리고 낭비와 보충에 대해 전혀 생각하지 않은 채 말이다. 그때는 섬세한 자기의식이나 명령적 본능이라는 방어책도 없었다. 그때는 나 자신을 누군가와 동일하게 설정했고, '나 자신이 없었고', 나 자신과 타인 사이의 거리를 망각했다. 이것이 내가 나 자신을 결코 용서할 수 없는 것들이다. 내가 거의 삶의 끝에 있었을 때, 내가 거의 삶의 끝에 **있다는 것**을 알았을 때, 내 삶의 이러한 근본적인 비이성성에 대해, 즉 '이상주의'에 대해 곰곰이 생각해보았다. **병**이 비로소 나를 이성으로 인도했던 것이다. 『이 사람을 보라』**56**

- - - - -

자신의 환경을 잘 알 것 ― 우리는 자신의 여러 힘들에 대해서는 평가할 수 있지만, 자신의 **힘 자체**에 대해서는 평가할 수 없다. 환경은 이 힘을 감추거나 보이게만 하는 것이 아니다. 그렇지 않다! 환경은 이 힘을 크게 하거나 작게 한다. 우리는 자신을 변화 가능한 크기로 보아야 한다. 우리의 능력은 우호적인 환경에서 아마도 최상으로 발휘될 수 있을 것이다. 그렇기 때문에 사람들은 환경에 대해 깊이 생각해야 하고 그것을 관찰하는 데 노력을 아끼지 말아야 한다. 『아침놀』**57**

- - - - -

　　환경의 선택 ― 품위 있게 침묵할 수 없거나 자신의 고귀한 것을 말할 수 없는 환경에서 사는 것은 피하는 게 좋다. 그러한 환경에서는 그저 우리의 불만이나 욕구나 우리의 어려움에 관한 온갖 이야기만 전달할 수밖에 없을 것이다. 이때 우리는 자신에게 만족하지 못하고, 자신의 환경에 대해서도 만족하지 못한다. 그뿐만 아니라 우리로 하여금 불평하게 만드는 이 나쁜 환경을 언제나 자신을 불평가로 느끼는 불쾌한 감정의 원인으로 생각한다. 이와 반대로 우리는 자신에 대해 말하는 것을 **부끄럽게 여기고** 자신에 대해 말할 필요가 없는 곳에서 살아야 한다. 그러나 누가 그러한 것을, 그리고 그러한 **선택**의 문제를 생각하겠는가! 우리는 자신의 '숙명'에 대해 말하고, 참을성 있게 입장을 정하고, 한숨을 쉬면서 "나는 불행한 아틀라스다"라고 말한다.　『아침놀』[58]

- - - - -

　　나쁜 환경에서 삶을 살아갔을 때, 삶의 과제를 회피했을 때(문헌학자이자 철학교수로 활동했던 기간 동안 내가 바로 그러했다), 몸 상태에서 볼 때 나는 확실히 가라앉고 있었다. 그리고 **나의** 삶의 과정에서 모든 진보는 나를 더욱 건강하게 만들었고, '최상의 몸'이라는 차원에서도 그러했다. 지금까지의 모든 독일 여행은 앞서 말한 근거에서 내가 가진 힘들의 감소와 약화를 가져왔다. 그러나 유감스럽게도 그 여행은 이런저런 이유로 인해 항상 불가피했다.　『편지』[59]

- - - - -

독일인의 삶에 대한 불만은 본질적으로 겨울의 오랜 질병 때문이고, 독일 주택의 지하실 공기와 거실난로 연기의 독성 영향 때문이기도 하다.　『즐거운 학문』**60**

- - - - -

독일인은 아마도 단지 **좋지 않은** 기후에 빠져들었을 뿐이리라! 그들 안에는 **헬레니즘적**이라고 할 수 있는 것이 들어 있다. 그것은 **남쪽**과 접촉할 경우에 깨어난다.　『유고』(1884년 봄) **61**

- - - - -

[쾨젤리츠(Köselitz)에게. 1888년 2월 1일, 니스(Nizza)에서]

나의 친구여, 베니스의 영향에 대한 너의 심리학적 계산서는 맞다. 이곳에서는 수많은 방문객과 환자들이 특정한 기후가 미치는 영향의 특이성에 관해 지속적으로 말하는 것을 들을 수 있다. 이곳에서 나는 서서히 이 물음의 핵심을 파악하게 되었다. 우리 모두의 가장 개인적인 희망(우리의 '작품')을 위한 최적의 조건과 그것의 실현 관점에서 본다면, 사람들은 자연의 **이러한** 목소리를 들어야 한다. 특정한 음악은 특정한 식물과 마찬가지로 습기 많은 대기 속에서는 제대로 성장할 수 없다. 나의 식탁 옆에 앉은 여인은 방금 나에게 자신이 2주 전까지는 베를린에서 **병들어** 있었고, 의사들은 매우 심각하게 우려했으며, 자신은 더 이상 한쪽 길모퉁이에서 다른 쪽 길모퉁이로 걸어갈 수도 없었다고 말했다. 도대체 무엇이 변화를 가져왔는가. 그녀는 어떤 말을 해야 할지 모른다. 그녀는 잘 달리고 잘 먹고 명랑하다. 그녀는 자신이 병들었다는 사실을 더 이상 알지 못한다. 이와 똑같은 놀라운 일이 그녀에게 이미 세 번이나 일어났기 때문에 그녀는 '건조한 공기'를 영혼의 모든 병에 대한 치료제라고 단언한다(그녀는 일종의 우울증인 자포자기 증상으로 고통을 겪었기 때문이다). 그녀가 여러 해 동안 베니스를 (자신의 유년 시절의 기후와) 대조되는 기후로서 건강에 좋은 곳으로, 말하자면 윤기가 나면서도 차분한 곳으로 생각했다는 것은 전적으로 옳다. 나는 엥가딘에서 의사들과 함께 다음과 같은 근본 문제에 관해 토의했다. 만약 이같은 동일한 기후를 매혹적이고 대조되는 기후로서 ― 본래 일정한 시기에만 규칙적으로 나타나지만 ― 지속적인 기후로 계속 향유한다면, 이러한 기후가 완전히 반대되는 결과를 초래할지에 관한 문제다. 예컨대 엥가딘의 방문객이 그 기후 안에서 특별히 활기가 있으며 전체적으로 강력하게 강화된 어떤 동물적 본성 같은 것을 얻는다면, 그런 반면에 엥가딘 주민은 그 같은 기후의 지속적인 영향 하에서 진지해지고 둔감해지고 약간의 빈혈 증상을 보이게 되는지에 관한 문제다. 『편지』 **62**

- - - - -

환자가 '지금까지의 모든 것', 즉 자신의 걱정, 친구, 소식, 의무, 어리석은 일, 추억의 고통으로부터 멀어지게 하기 위해, 그리고 새로운 양식, 새로운 태양, 새로운 미래를 향해 손과 감각을 뻗는 것을 배울 수 있게 하기 위해, 의사가 그 환자를 완전히 낯선 환경에 처하게 하는 것과 마찬가지로, 나는 의사와 환자를 하나의 몸 안에 동시에 갖고 있는 자로서 지금까지 시도된 적이 없는 정반대인 **영혼의 기후**로 나아가도록, 특히 낯선 장소와 낯선 사물 속으로 탈주의 방랑을 하도록, 온갖 종류의 낯선 것들에 호기심을 갖도록 나 자신에게 강요했다. 이로부터 오랜 방황과 탐색과 변화가 생겨났다. 그리고 이로부터 모든 고정적인 것, 모든 우둔한 긍정과 부정에 대한 반감도 생겨났다. 마찬가지로 멀리 달리고 높이 날아오르며, 무엇보다 언제나 또다시 날아오르는 일을 정신이 가능한 한 쉽게 할 수 있게끔 하는 식이요법과 훈련도 생겨났다. 실제로 삶에서 최소한의 소비, 온갖 저급한 욕망의 사슬로부터의 해방, 온갖 종류의 외적인 나쁜 상황 가운데에서의 독립성, 이러한 나쁜 상황 속에서도 **살 수 있다는** 긍지, 아마도 약간의 냉소주의와 약간의 '술', 그러나 분명히 그만큼의 많은 우울한 행복, 우울한 쾌활함, 많은 적막함, 빛, 세심한 우둔함, 숨겨진 열망 등 이 모든 것은 최후에 이르러 정신의 엄청난 강화와 건강의 커가는 기쁨과 충만을 야기했다. 삶에 대한 우리의 강인한 의지에 대해, 내가 그 무렵 '삶의 피로'라는 염세주의에 맞서 나 자신과 함께 싸웠던 것과 같은 그러한 긴 투쟁에 대해, 그리고 삶의 가장 작고 연약하고 덧없는 선물도 놓치지 않으며 감사하는 우리의 모든 세심한 시선에 대해서도 삶 자체는 **보답한다**. 『인간적인 너무나 인간적인』 II **63**

- - - -

언제나 다시 이런 강인한 내적인 목소리가 명령했다. "여기서 떠나라! 앞을 향해 나아가라, 방랑자여! 너에게는 아직 수많은 바다와 땅이 남아 있다. 네가 온갖 사람들과 더 만나봐야 하는지를 누가 알 수 있겠는가?" 『유고』(1885년 8~9월) **64**

- - - -

별이 떨어져서 사라졌다. 그러나 별빛은 아직 빛나고 있다. 그런데 그 빛은 언제쯤 빛나기를 그만둘 것인가?

너는 별인가? 그렇다면 너 역시 방랑할 수밖에 없고 고향 없이 지낼 수밖에 없다. 『유고』(1883년 5~6월) **65**

- - - -

방랑자 ─ 어느 정도라도 이성의 자유에 이른 사람은 자신을 대지 위의 방랑자로서 느낄 수밖에 없다. 어떤 최종 목표를 **향해 가는** 여행자로서 느끼는 것이 아니다. 왜냐하면 그러한 최종 목표 따위는 존재하지 않기 때문이다. 그러나 아마도 그는 어떤 일이 세상에서 실제로 일어나고 있는지 보기 위해 눈을 크게 뜰 것이다. 그렇기 때문에 그는 마음속으로 어떠한 개개의 사물에도 너무 강하게 집착해서는 안 된다. 그의 내면에는 변화와 무상함에서 기쁨을 느끼는 어떤 방랑자적인 것이 분명히 있을 것이다. 물론 그러한 사람에게는 지쳐 있을 때 자신에게 휴식을 안겨줄 도시의 문이 닫혀 있는 것을 발견하게 되는 그러한 심술궂은 밤들도 찾아올 것이다. 게다가 어쩌면 동방에서처럼 문 앞에서부터 사막이 펼쳐져 있을 것이다. […] 아침 태양이 분노의 신처럼 불타면서 떠올라 도시가 모습을 드러내면, 그는 도시의 문 앞에서보다 아마도 이 도시에 살고 있는 사람들의 얼굴에서 더 많은 사막과 불결, 기만과 불안을 볼 것이다. 그리고 낮은 밤보다 더 좋지 않다. 이러한 일이 언젠가 방랑자에게 일어날지도 모른다. 그러나 그 후 그에 대한 보상으로 다른 지역과 다른 날의 환희가 가득한 아침이 온다. 여기서 그는 먼동이 튼 어슴푸레한 빛 속에서 벌써 한 무리의 뮤즈가 산맥의 안개에 싸여 자신의 곁을 춤추며 지나가는 것을 보게 될 것이다. 그 후 그가 오전 시간 영혼의 균형 속에서 나무들 사이를 조용히 거닐면, 나무 꼭대기와 우거진 잎사귀로부터 정말 좋고 밝은 것들이 그에게 쏟아질 것이다. 그리고 산과 숲, 고독 속에 살고 있는 저 자유정신들의 선물이 그에게 쏟아질 것이다. 그처럼 자유정신은 때로는 쾌활하고 때로는 생각에 잠기는 현자들, 방랑자들, 철학자들이 다. 『인간적인 너무나 인간적인』 I **66**

- - - -

항상 집에 ─ 어느 날 우리는 **목표**에 도달한다. 그러면 우리는 이제부터 자신만만하게 얼마나 오랫동안 그 목표를 위해 여행해 왔는지를 강조하면서 말한다. 그러나 실제로 우리는 자신이 여행하고 있다는 것을 알아채지 못했다. 어디에 있든지 간에 항상 **집에 있는 것**이라고 잘못 믿고 있었으므로 그 먼 길을 거쳐 여기까지 올 수 있었다. 『즐거운 학문』 **67**

- - - -

어떤 특정한 직업 속에서 매우 많이 일하는 사람은 세계의 사물들에 대해 갖는 자신의 일반적인 견해를 거의 변함없이 유지한다. 이것은 그들의 머리 안에서 점점 더 굳어지고 점점 더 지배적이 된다. 그렇기 때문에 자신의 일을 그만둘 것을 요구하는 그러한 시간은 매우 중요하다. 그때서야 비로소 새로운 개념과 감각이 다시 한번 들이닥칠 수 있기 때문이다. 그리고 자신의 힘이 의무나 관습의 일상적인 요구에 의해 아직 소모되지 않을 수 있기 때문이다. 우리 근대인은 모두 자신의 정신적인 건강을 위해 많은 여행을 해야 한다. 그리고 일을 많이 하면 할수록 여행도 더욱더 많이 할 것이다. 그렇기 때문에 일반적인 견해가 바뀌는 데 어떤 것이 영향을 미쳤는지에 대해서는 여행자에게 물어보아야 한다.

『유고』(1876년 말~1877년 여름) **68**

- - - - -

현재와 소원해져서 — 한 번쯤 매우 상당한 정도로 자신의 시대와 떨어져본다는 것, 이를테면 자신의 시대라는 해변에서 과거의 세계관이라는 대양으로 떠밀려가본다는 것은 커다란 장점이 있다. 그곳에서 해안 쪽을 바라보면 어쩌면 처음으로 전체 모습을 조망할 수 있을 것이다. 그리고 다시 해안으로 다가오면 한 번도 그곳을 떠나본 적 없는 사람들보다 그곳을 전체적으로 훨씬 더 잘 파악할 수 있는 장점이 있다. 『인간적인 너무나 인간적인』 | **69**

- - - - -

이별이 필요한 때는 언제인가 — 그대는 그대가 인식하고 측정하려고 하는 것과 적어도 한동안은 이별하지 않으면 안 된다. 그대는 도시를 떠났을 때야 비로소 그 도시의 탑들이 집들 위로 얼마나 높게 솟아 있는지를 보게 된다. 『인간적인 너무나 인간적인』 II **70**

- - - -

여행자와 그의 등급 — 사람들은 여행자를 다섯 등급으로 구분한다. 첫 번째로 가장 낮은 등급의 여행자는 여행할 때 관찰**되는** 그러한 사람들이다. 그들은 기본적으로 수동적으로 여행하는 사람들이며, 말하자면 눈먼 장님들인 셈이다. 그다음 등급의 여행자는 실제로 세상을 보고 다니는 사람들이다. 세 번째 등급의 여행자는 관찰한 결과에서 무엇인가를 체험하는 사람들이다. 네 번째 등급의 여행자는 체험한 것을 체득하여 자신 안에 지속적으로 지니고 다닌다. 마지막으로 최고의 능력을 가진 몇몇 사람들도 있다. 그들은 자신이 관찰한 모든 것을 체험하고 훤히 꿰뚫은 후, 집으로 돌아오자마자 곧 그것을 여러 행위와 작업 속에서 기필코 다시 발휘하는 사람들이다. 일반적으로 삶의 전 여정을 살아가는 모든 사람도 이 다섯 종류의 여행자들처럼 분류된다. 가장 낮은 등급의 여행자는 순전히 수동적인 사람들이고, 가장 높은 등급의 여행자는 내면에서 겪은 과정을 남김없이 발휘하며 살아가는 사람들이다.
『인간적인 너무나 인간적인』 II **71**

- - - -

유람 여행자 ─ 그들은 마치 짐승처럼 미련하게 땀을 뻘뻘 흘리면서 산을 올라간다. 사람들은 그들에게 도중에 아름다운 전망들이 있다고 말해주는 것을 잊었던 것이다. 『인간적인 너무나 인간적인』 II **72**

- - - -

전원에서의 감각 ─ 삶의 지평이 산맥과 숲의 선 같은 확고부동하고 안정된 선을 갖고 있지 않다면, 인간의 가장 내면적인 의지조차 도시인의 본성처럼 안절부절못하고 산만하며 욕망으로 가득 찬다. 그는 행복을 갖지도, 행복을 주지도 못한다. 『인간적인 너무나 인간적인』 **73**

- - - -

우리는 오래된 것에, 이를테면 확고하게 소유하고 있는 것에 점차 권태를 느끼며 다시 다른 것으로 손을 뻗친다. 아무리 아름다운 풍경일지라도 그곳에서 석 달 동안 살면 그것에 대한 우리의 사랑은 식어버리고 어딘가 멀리 있는 해변이 우리의 소유욕을 자극하게 될 것이다. 소유물은 소유함을 통해 대부분 시시해진다. 심지어 우리 자신에 대해 느끼는 즐거움도 자신 안에 있는 것을 항상 새롭게 변형시킴으로써만 유지될 수 있다. 소유라는 것은 바로 그러한 것이다. 『즐거운 학문』 **74**

4

"
나는 걷는 법을 배웠다.
그때부터 나는 줄곧 달렸다
"

자신의
리듬을
찾는 것

니체는 인간을 총체적으로 파악함으로써 육체적인 리듬형식과 정신적인 리듬형식 사이의 명확한 연관성을 보여주고 있다. 니체가 걷기를 사유나 생산적 창조와 연결하는 것은 그 자신의 경험에서 비롯되었다고 할 수 있다. 니체 — 그 자신이 위대한 유랑자다 — 는 때때로 자신의 사상은 걷기 덕분이라고 말했다. 그것은 자신이 걷는 길 위에서 사유를 만남과 동시에 자신의 사유를 자신이 걷는 길로 가져가는, 이른바 '걸으면서 사유하는 것[Ge(h)danken]'이다.

니체는 걷기, 달리기, 춤추기, 그리고 영감을 얻은 순간의 고양된 상태를 묘사하는 무중력상태의 날기까지 운동형식을 자신의 어려움을 리듬으로써 극복하는 단계들로 비유적으로 표현하고 있다. 니체는 정신적 해방 행위를 언제나 운동의 형상들로서 반복해서 그려낸다. 유랑자의 확고한 발걸음, 줄 타는 광대의 위험천만한 균형, 힘겨운 산악 등반, 그리고 위로의 도약은 정신적인 여행 중의 여러 다른 형식을 상징적으로 표현하는 것이다. 그리고 마침내 사유가 자유로운 운동에서 생겨났는지, 아니면 습기 찬 서재의 공기에서 나온 것인지를 알려주는 것은 '양식(Stil)'이다.

사람들마다 자신의 고유한 리듬을 자각하고 자신의 호흡에 맞는 템포를 실험해보아야 한다. 니체는 우리의 내면 리듬을 이를 테면 일종의 확장된 인식기관으로 이해한다. 인간은 자신이 만나는 모든 것을 리듬으로 만들어야 하고, 이 모든 것을 자신의 내면의 형식으로 옮겨놓아야 한다. 그렇게 함으로써 비로소 자기 것으로 할 수 있다.

- - - - -

　　어떤 학문적인 책을 앞에 놓고 — 우리는 책들 속에서만, 책들이 주는 자극에 의해서만 비로소 사유할 수 있는 그러한 사람들이 아니다. 우리의 습관은 야외에서 걸으면서, 뛰면서, 오르면서, 춤추면서 사유하는 것이다. 가장 좋은 것은 적막한 산이나 바닷가 가까운 곳에서 사유하는 것이다. 여기서는 길조차 사색을 열어준다. 우리가 책, 인간, 음악의 가치와 관련해 던지는 첫 번째 질문은 다음과 같다. "그것은 걸을 수 있는가? 더욱이 춤출 수 있는가?" 우리는 책을 거의 읽지 않지만, 그렇다고 해서 우리가 나쁜 독자인 것은 아니다. 오, 우리는 어떤 한 인간이 어떻게 자신의 사상에 도달했는지를 누구보다 빠르게 알아챌 수 있지 않은가! 잉크병을 앞에 놓은 다음, 배를 압박하면서 그 사상에 도달했는지 그렇지 않은지를 말이다. 오, 우리는 얼마나 빨리 그런 책을 읽어치우는가! 서재의 공기와 천장, 서재의 협소함이 비밀을 누설하는 것처럼 꽉 눌린 오장육부도 비밀을 누설하는 것은 마찬가지다. 내기를 해도 좋다. 『즐거운 학문』**75**

- - - - -

　　가능한 한 **앉아** 있지 않도록 하라. 자유롭게 운동하면서 얻어내지 않은 사상은 어떤 것이든 믿지 말라. 그 안에서 근육이 축제를 벌이는 그러한 사상이 아니라면 믿지 말라. 모든 편견은 내장에서 나온다. 성실히 앉아서 일하는 끈기(나는 이것에 대해 벌써 한 번 말했다)는 신성한 정신에 위배되는 진정한 **죄**다. 『이 사람을 보라』**76**

- - - - -

베토벤은 **걸으면서** 작곡했다. 모든 독창적인 순간은 근육의 넘쳐나는 힘을 동반했다.

이것은 모든 차원에서 이성을 따른다는 것을 뜻한다. 독창적인 흥분 상태야말로 많은 양의 근육 에너지를 요구한다. 그것은 어느 곳에서나 힘의 감정을 **상승시킨다.** 역으로 어떤 강력한 행군은 정신적인 에너지를 도취에 빠질 정도로까지 상승시킨다.

『유고』(1887년 가을) **77**

- - - - -

발로 글을 쓴다.
나는 단지 손만으로 쓰지 않았다.
발은 언제나 글 쓰는 자와 함께하길 원한다.
내 발은 단단하게, 자유롭게, 더욱 용감하게
때로는 들판을, 때로는 종이 위를 달린다.　『즐거운 학문』**78**

- - - - -

나의 삶에 처음으로 햇빛을 비추어준 니스의 평온한 하늘 아래에서 나는 『차라투스트라는 이렇게 말했다』 3권을 얻었다. [⋯] 니스의 경관에 숨겨져 있던 수없이 많은 장소와 언덕은 잊을 수 없는 순간들을 통해 나에게 봉헌되었다. "낡은 서판과 새로운 서판에 대하여"라는 제목을 가진 글의 결정적인 부분은 기차역에서부터 놀라운 무어인의 바위로 된 성 에즈로 힘들게 올라가는 동안 작성된 것이다. 창조적인 힘이 가장 풍부하게 흐를 때는 언제나 내 근육이 가장 민첩하고 강하게 움직일 때다. **몸**이 영감을 받았기 때문이다. '영혼'은 제외하도록 하자. 누군가는 종종 내가 춤추는 것을 볼 수 있었을 것이다. 당시 나는 전혀 지치지 않고 일곱 시간이고 여덟 시간이고 계속 산을 돌아다닐 수 있었다. 나는 잘 잤고 많이 웃었다. 나의 활력과 인내는 완벽했다.　『이 사람을 보라』 **79**

- - - -

좋은 날들은 좋은 발로써 걷기를 원한다.　『유고』(1883년 가을) **80**

- - - -

어떤 밧줄 위에서도 걷고 어떤 가능성 위에서도 춤추는 것은 자신의 천재성을 발로써 얻는다.　『유고』(1888년 봄) **81**

- - - -

중력의 악령에 대하여

[…] 나는 언제나 기다려야 하는 자들을 가련하게 생각한다. 그들은 나의 취향에 거슬린다. 세관원, 소상인, 왕 그리고 땅과 가게를 지키는 자들이 그들이다.

진실로 나 역시 기다리는 법을 배웠다. 그것도 철저하게. 그러나 나는 오직 나 자신을 기다리는 법을 배웠다. 그리고 무엇보다 나는 서고 걷고 달리고 뛰어오르고 기어오르고 그리고 춤추는 법을 배웠다.

이것이 나의 가르침이다. 언젠가 나는 법을 배우고자 하는 자는 먼저 서는 법, 걷는 법, 달리는 법, 기어오르는 법, 춤추는 법부터 배워야 한다. 처음부터 나는 법을 배울 수는 없는 일이다! 『차라투스트라는 이렇게 말했다』 III **82**

- - - -

내가 신을 믿게 된다면 오직 춤출 줄 아는 신만 믿게 될 것이다.

그리고 나의 악마를 보았을 때, 나는 그가 엄숙하고 심각하고 심오하며 장중하다는 것을 알았다. 그것은 중력의 악령이었다. 그로 인해 모든 것이 나락으로 떨어진다.

사람들은 분노가 아니라 웃음으로 죽인다. 자, 우리 그 중력의 악령을 죽여버리자!

나는 걷는 법을 배웠다. 그때부터 나는 줄곧 달렸다. 나는 나는 법을 배웠다. 그때부터 비로소 나는 움직일 때 부딪치지 않을 수 있었다.

지금 나는 가볍다. 지금 나는 날고 있으며, 나 자신을 내려다보고 있다. 지금 나를 통해 어떤 신이 춤추고 있다. 『차라투스트라는 이렇게 말했다』 I **83**

- - - -

마음대로 하기 ─ 한 사람이 마음대로 하면 할수록 다른 사람들은 그를 점점 더 가만히 놓아두지 않게 된다. 『인간적인 너무나 인간적인』 II **84**

- - - - -

걸음걸이는 어떤 사람이 이미 **자신의** 궤도 위를 걷고 있는지 그렇지 않은지를 말해준다. 내가 걷는 것을 보라! 그리고 자신의 목표에 가까이 다가선 사람이 있다면, 그는 춤춘다! 『유고』(1884년 겨울~1885년) **85**

- - - - -

'길들' ─ 이른바 '지름길'은 언제나 인류를 커다란 위험으로 인도했다. 인류는 그와 같은 지름길이 발견되었다는 복음을 접하면 언제나 자신의 길을 벗어난다. 그리고 **길을 잃는다.** 『아침놀』 **86**

- - - - -

가장 위험할 때 ─ 사람들은 삶을 살아가면서 힘들여 위로 계속 올라가는 자신의 한 다리를 부러뜨리는 일은 드물다. 그러나 삶을 가볍게 여기고 편한 길을 선택하기 시작할 때는 그럴 수도 있다. 『인간적인 너무나 인간적인』 II **87**

- - - - -

많은 사람이 자기 자신에게 지쳐 있었다. 그런데 그때 비로소 그들에게 남아 있는 행복이 찾아왔다. 그러나 그들은 언제나 너무 빠른 발걸음으로 뛰어가다가 부딪힌다! 『유고』(1883년 말) **88**

- - - - -

'시'의 기원 ― [⋯] 사람들은 '시'라고 하는 것이 생겨난 고대에도 시에서 유용성을 의도하고 있었다. 그것도 매우 커다란 유용성 말이다. [⋯] 사람들은 리듬이 없는 산문보다 시구가 기억 속에 더 잘 유지할 수 있다는 사실을 깨닫고 난 후, 신들에게 리듬의 힘을 통해 인간의 소망을 더 깊게 새기려 했다. 마찬가지로 사람들은 리듬의 반복을 통해 자신의 말을 더 멀리까지 듣게 할 수 있다고 생각했고, 리듬이 있는 기도는 신들의 귓가에 더 가깝게 다가갈 수 있다고 믿었다. 하지만 무엇보다 사람들은 음악을 들을 때 경험하는 저 근원적인 압도하는 힘을 이용하길 원했다. 리듬은 어떤 강제력이다. 그것은 순종하게 하고 동의하게 하는, 어떤 이겨내기 어려운 즐거움을 만들어낸다. 우리의 발걸음뿐만 아니라 영혼도 이 박자에 맞춰 움직인다. 사람들은 이렇게 추론했다. 신들의 영혼 역시 그럴 것이다! 그러므로 사람들은 리듬을 통해 신들을 **강제하고** 신들에게 압력을 가하려 했다. 시는 신들에게 하나의 마법의 덫처럼 던져졌다. [⋯] 철학자들이 존재하기 훨씬 이전 시대의 사람들은 음악이 격정을 해방시켜 영혼을 정화시키고 영혼의 동물적 잔인성을 진정시키는 힘으로 인정했고, 이때 가장 중요한 것은 음악의 리듬이라고 여겼다. 영혼이 적절한 긴장과 조화를 잃게 되면, 사람들은 가수가 부르는 노랫소리에 맞춰 **춤을 추어야** 한다. 이것이 바로 치료를 위한 처방이었다. 『즐거운 학문』**89**

- - - -

나의 발은 [⋯] 박자와 춤, 그리고 행진에 대한 욕구를 갖고 있다. 나의 발은 또한 **잘** 걷고 빨리 걷고 뛰어넘고 춤추는 데서 느끼는 것과 같은 황홀경을 무엇보다 먼저 음악으로부터 요구하고 있다. [⋯] 그래서 나는 자신에게 이렇게 묻는다. 나의 온몸이 음악에서 원하는 것은 진정 무엇일까? 내 생각에 그것은 온몸이 **가벼워지는 것**이다. 마치 모든 동물적 기능이 가볍고 대담하고 기운차고 자기 확신적인 리듬에 의해 촉진되는 것처럼, 마치 청동 같고 납덩이 같던 삶이 황금 같은 뛰어난 부드러운 조화에 의해 금빛을 내는 것처럼 말이다. 나의 우울함은 **완전성**이 은신하고 있는 심연 속에서 휴식하기를 원한다. 나는 이것 때문에 음악을 필요로 한다.

『즐거운 학문』 **90**

- - - -

인간은 **리듬을 형성하는 동물**이다. [⋯] 인간은 자신을 **육성**하고 사물을 전유하는 수단을 갖고 있다. 그 수단이란 바로 그것들을 '형식'과 리듬으로 가져가는 것이다. 『유고』(1883년 겨울~1884년) **91**

5

"
나는 사람들에게
휴식을 되돌려주려고 한다
"

근대의 서두름과
여가의 예술

운동성, 관습으로부터의 급속한 이탈, 삶의 방식과 의견과 유행의 끊임없는 변화, 온갖 방향으로의 시야 확장, 새로운 인상들과 자극들의 부단한 쇄도, 여러 문화와 예술사조와 세계관의 풍부한 비교 가능성 등과 같은 이러한 현상들이 근대에 나타난 몇 가지 두드러진 특성이다. 이 특성들은 적지 않은 사람들에게 내면의 불안, 탈정향성, 공포와 공허의 느낌을 불러일으키고 있다. 니체는 새로운 시대가 개개의 사람들에게 명령하는 삶의 리듬, 과제, 노동조건, 목표에 대해 동시대인들이 어떠한 반응을 보이는지를 예리한 통찰력을 갖고서 분석한다. 많은 사람은 이 시대에 나타난 불안과 허무, 권태와 내적 공허의 느낌을 의식 속에서 몰아낸다. 어느 누구도 자신을 방금 언급된 상황들에 단 한 번이라도 긴 시간 노출시킬 능력을 더 이상 갖고 있지 않다. 어느 누구도 권태와 공허 속에서 싹트고 있는 잠재적인 창조성을 성숙하게 할 능력을 더 이상 갖고 있지 않다. 수없이 제공되는 도취와 마취의 수단을 취하는 편이 훨씬 쉽다. 모든 행위의 서두름, 소란스러운 사교, 신분을 상징하는 예술소비, 필요 이상으로 많은 시간과 에너지를 바치는 직업이 그러한 수단에 속한다. 니체에게는 기계적인 노동과정의 강제에 속박되어 있는 공장노동자 유형도, 점점 더 '유용성'을 목표로 하는 학문공장의 생산물로서 일찍이 유용한 도구가 되어버린 전문가 유형도 미래 인간의 모범이 될 수는 없다.

"철학자는 이런 엄청난 운동성 속에서 브레이크가 되어야 할까? 그는 여전히 그렇게 존재할 수 있을까?" 철학자는 이 질문을 더욱더 긴급하게 제기할 수밖에 없다. 왜냐하면 사람들이 노동과 여가의 엄격한 분리에 익숙해 있으면서 여가를 즐기는 능력을 갖고 있기는커녕 여가를 견뎌내지 못하는 모습을 보여주고 있기 때문이다. 노동은 '선량한 양심'을 완전히 자기편으로 만들었다. 하지만 이때 망각 속으로 사라진 것이 있다. 우리가 자신의 체험을 잘 소화하길 바란다면, 소화를 위해 게으름을 피울 줄 아는 용기도 가질 수 있어야 한다는 것 말이다.

이와 같이 니체는 강박적으로 서둘러 '일하는' 근대인의 유형에 맞서 반시대적인 '한가로운 자'를 대립시킨다. 한가로운 자는 상상력이 풍부한 자, 그리고 자신의 한가로움을 부끄러워하지 않으면서 즐거움이 들어 있고 자신의 창조성을 발휘할 여지가 있는 경우라면 매우 힘든 노동도 기꺼이 도맡아하는 관조적인 자를 뜻한다. 그는 고요와 권태와 고독을 두려워하지 않을 뿐만 아니라 오히려 그것들을 추구한다. 왜냐하면 그는 그것들 안에서 자기 자신으로 향하는 통로를 인식하기 때문이다.

비교의 시대 — 사람들이 관습에 묶이지 않을수록 동기의 내면적인 운동은 더욱더 활발해지고, 다시 그것에 상응해 외면적인 불안정, 인간 사이의 뒤얽힌 혼란, 갖은 노력 끝에 만들어진 다성 음악도 그만큼 커진다. 도대체 지금 어느 누가 어떤 장소에 자신과 자신의 후손을 묶어두는 엄격한 강제력을 갖고 있겠는가? 도대체 어느 누구에게 요컨대 엄격한 속박 같은 것이 아직도 있단 말인가? 모든 유형의 예술양식이 서로서로 모방되고 있는 것처럼 도덕, 관습, 문화의 모든 단계나 유형도 마찬가지로 모방되고 있다. 이와 같은 시대는 그 속에서 서로 다른 세계관들, 도덕들, 문화들이 비교될 수 있고 서로 체험될 수 있다는 점에서 의미를 가질 수 있다. 과거에는 이것이 불가능했다. 모든 문화가 지역에서 지배권을 가지고 있었을 때는 모든 종류의 예술적 양식도 장소와 시대의 속박을 받았기 때문이다. [···]

그러나 지금은 비교의 시대가 아니던가! 그것은 이 시대의 긍지다. 그러나 또한 당연하게도 이 시대의 고민이기도 하다. 이 고민을 두려워하지 말자! 오히려 이 시대가 우리에게 부여하는 과제를 우리가 할 수 있는 한 그만큼 중대하게 생각하도록 하자. 『인간적인 너무나 인간적인』 **92**

- - - - -

사방을 둘러볼 수 있는 시선이 아직 그 누구에게도 허락된 바 없지만, 우리에게는 허락되었다. 그 어디에도 끝이 보이지 않는다.

따라서 우리는 섬뜩한 광활함을 느낀다. 그리고 또한 섬뜩한 **공허함**을 느끼기도 한다. 그런데 우리 시대의 모든 고귀한 자가 지니고 있는 저 감수성은 이 끔찍한 **황량함의 느낌**을 뛰어넘는 데서 존재한다. 이러한 느낌에 반대되는 것이 **도취**다. 말하자면 전체 세계가 우리 안으로 밀려들어오고, 그리하여 우리가 그것이 가져온 충만의 행복 속에서 고통스러워할 때의 도취 말이다. 이 시대는 그 어느 시대보다 도취의 수단을 고안해내는 상상력이 풍부하다. 우리는 모두 음악으로서의 도취, 자기 자신을 눈 먼 자로 만드는 맹목적 열광으로서의 도취, 그리고 개별 인간과 개별 사건에 대한 숭배로서의 도취를 알고 있다. 우리는 비극적인 것의 도취를 알고 있다. 그것은 파멸해가는 것을 볼 때 느끼는 잔인성이며, 더구나 파멸해가는 것이 더없이 고귀한 것일 때 특히 더 강하게 느끼는 잔인성이다. 우리는 더욱 보잘것없는 유형의 도취를 알고 있다. 제정신이 아닐 정도로 몰두하는 노동, 학문을 하거나 정치정당 또는 사업 조직을 만들기 위한 수단으로서의 자기 헌신이 그것이다. 어떤 사소하고 멍청한 광신주의, 어떤 작은 모임에서의 불가피한 두뇌 회전도 확실히 도취의 힘을 갖고 있다. 『유고』(1884년 봄) **93**

- - - - -

조급함은 **일반적**이다. 왜냐하면 각자는 자신으로부터 도피하는 중에 있기 때문이다. 이 조급함을 부끄러워하며 조심스럽게 감추려는 것도 일반적이다. 왜냐하면 사람들은 자신이 만족하고 있는 것처럼 보이고 싶고, 날카로운 관찰자들이 자신의 비참함을 보지 못하게 그들을 속이고 싶기 때문이다. 새로운 소리를 내는 언어의 방울을 가지려는 욕구도 일반적이다. 왜냐하면 이 방울을 달면 삶은 시끄러운 축제 분위기를 낼 수 있기 때문이다. 갑자기 불쾌한 기억이 엄습할 때, 격렬한 몸짓과 소리로써 그것을 마음에서 쫓아내려 애썼던 이상한 상태를 누구나 잘 알고 있을 것이다. 그리고 일반적인 삶의 몸짓과 소리는 우리 모두가 언제나 그러한 상태 속에, 즉 기억과 내면화를 두려워하는 상태 속에 있다는 것을 추측할 수 있게 해준다. 우리를 그토록 자주 괴롭히는 것은 도대체 무엇인가? 우리를 잠 못 들게 하는 모기는 어떤 모기인가? 우리 주위에는 유령이 있는 듯한 느낌이 있다. 삶의 모든 순간은 우리에게 무엇인가를 말하려 하지만, 우리는 유령의 소리를 들으려 하지 않는다. 우리는 혼자 조용히 있을 때 무엇인가가 귓가에 속삭일까 봐 겁이 난다. 그래서 우리는 고요를 싫어하고 사교로써 귀를 마비시킨다. 앞서 말했듯이, 우리는 때때로 이 모든 것을 단번에 파악한다. 그래서 우리는 현기증을 일으키는 모든 불안과 초조 때문에 놀라고, 깨어나는 데 두려움을 느껴 깨어날 순간이 다가올수록 더 활기차고 요란스럽게 꿈꾸는 우리 삶의 모든 꿈같은 상태 때문에 놀란다. 「교육자로서의 쇼펜하우어」**94**

- - - -

모든 사람이 말하지만, 모든 것이 형편없이 말해지고 있다. 오늘은 아직 시대의 비판에 견고해 보이는 것도 내일이면 벌써 부스러지고 상처투성이가 되어 수백 명의 입 밖으로 내던져질 것이다.

모든 사람이 말하지만, 어느 누구도 제대로 듣지 않는다. 사람들은 종을 쳐서 자신의 지혜를 알리지만, 시장의 소상인들은 그것을 동전 소리로 뒤덮어버린다.

모든 사람이 말하지만, 어느 누구도 귀 기울여 들으려 하지 않는다. 모든 물이 소리를 내면서 바다를 향하지만, 모든 시냇물은 오직 자신의 물소리만 듣는다.

모든 사람이 말하지만, 어느 누구도 이해하려 하지 않는다. 모든 것은 물속으로 떨어지지만, 어떤 것도 깊은 샘물 속으로는 떨어지지 않는다. [⋯]

모든 사람이 말하지만, 아무런 결실을 맺지 못한다. 모든 사람이 홰를 치지만, 어느 누구도 알을 낳지는 못한다.

오, 내 형제들이여! 그대들은 나에게서 고요를 배우지 않는다. 그리고 고독을!

모든 사람이 말하지만, 어느 누구도 말할 줄 모른다. 모든 사람이 달리지만, 어느 누구도 걷는 것을 배우지 않는다.

모든 사람이 말하지만, 어느 누구도 내가 노래하는 것을 듣지 못한다. 오, 그대들은 나에게 고요를 배우기를! 그리고 고독의 고뇌를! 『유고』(1883년 가을) **95**

- - - -

근대의 혼란 — 근대의 격동은 서쪽을 향해 점점 더 커져가기에 미국인에게 유럽의 주민 전체는 편안히 누워서 즐기고 있는 존재로 보일 정도다. 하지만 유럽인은 실제로 꿀벌과 말벌처럼 서로

뒤엉켜 날아다니고 있다. 이러한 격동은 엄청나게 큰 것이어서 고급문화는 이제 더 이상 열매를 익힐 수 없게 되었다. 이것은 마치 사계절이 서로 겹쳐져 너무 빠르게 이어지는 것과도 흡사하다. 우리의 문명은 휴식이 결여되어 있어 어떤 새로운 야만으로 끝날 것이다. 그 어떤 시대에도 활동적인 사람이, 말하자면 휴식하지 못하는 사람이 더 많이 인정받은 적은 없다. 따라서 관조적인 요소를 대규모로 강화하는 것은 인류의 성격을 수정하는 데 시도되어야 할 필수적인 작업에 속한다. 어떤 개인이든 진실로 마음과 머리의 휴식을 알고 그것을 변함없이 유지할 수 있다면 그 개인은 그것만으로도 이미 훌륭한 기질을 가졌을 뿐 아니라 일반적으로 유익한 덕도 갖추고 있는 것이다. 더욱이 그 개인은 이 덕을 유지함으로써 더 고귀한 과제도 완수할 수 있으리라는 믿음을 가질 권리가 있다. 『인간적인 너무나 인간적인』 | **96**

- - - -

나는 사람들에게 휴식을 되돌려주려고 한다. 어떤 문화도 휴식 없이는 생겨날 수 없고 지속될 수 없다. **소박함도** 마찬가지다. 『유고』(1876년 여름) **97**

- - - -

교사로서의 기계 — 기계는 자기 자신을 통해 인간 집단이 맞물려 있다는 것을 가르쳐준다. 기계가 인간 개개인이 단 한 가지 동작만 하면 되는 작업환경을 만듦으로써 말이다. 즉, 기계는 정당

조직과 전쟁 수행의 표본을 제공한다. 이에 반해 기계는 개개인의 자주성을 가르치지 않는다. 기계는 다수의 것으로부터 **하나의** 기계를 만들고, 각각의 개별적인 것으로부터 **하나의** 목적을 위한 도구를 만든다. 기계의 가장 일반적인 효과는 중앙 집중의 유용성을 가르치는 것이다. 『인간적인 너무나 인간적인』 II **98**

- - - -

기계 문화에 대한 반작용 — 기계는 그 자체로서는 최고의 사고력이 만들어낸 산물이라고 할지라도 그것을 작동시키는 사람들에게는 사고력이 거의 필요 없을 만큼 저급한 능력만 사용하도록 한다. 이때 기계는 다른 경우라면 잠든 채로 있었을 엄청난 양의 힘을 풀어놓는다. 이것은 틀림없는 사실이다. 그러나 기계는 향상시키거나 개선시키고, 예술가가 되게끔 하는 작용을 하지는 않는다. 기계는 **활동적이고 획일적으로** 일한다. 이것이 지속된다면 '영혼의 절망스러운 권태'라는 하나의 반작용을 낳게 될 것이다. 영혼은 이러한 권태 때문에 변화가 있는 여가에 대한 갈망을 배우게 된다. 『인간적인 너무나 인간적인』 II **99**

- - - -

권태와 유희 — 욕구는 우리에게 노동을 강요하고, 그러한 노동의 수확을 통해 욕구가 가라앉게 된다. 매번 새롭게 눈뜨는 욕구는 우리를 노동에 익숙하게 만든다. 그러나 욕구가 가라앉은, 이를테면 잠자고 있는 휴식 시간에는 권태가 우리를 엄습한다. 도대체 권태라는 것은 무엇인가? 그것은 노동 일반에 익숙해졌다는 것이다. 이제 노동은 새롭게 등장하는 욕구에 의해 자신을 새롭게 관철시킬 것이다. 노동에 대한 습관이 강할수록, 더 나아가 아마도 욕구로 인해 더 강하게 고통 받을수록 그만큼 권태 역시 더 강해질 것이다. 인간이 권태에서 벗어나려면 자신의 모든 욕구를 초월할 수 있을 정도로 노동하거나 아니면 유희를 생각해내야 한다. 그런데 이때의 유희도 노동을 뜻한다. 다시 말해 노동 전반에 대한 욕구 이외에 다른 욕구는 만족시킬 수 없는 노동을 뜻한다. 이러한 유희에 싫증을 느끼고 새로운 욕구에 의해서도 노동해야 할 이유를 갖지 못하는 사람에게는 때로 제3의 상태에 대한 요구가 엄습한다. 축복받은 고요한 운동을 향한 요구가 그것이다. 이 제3의 상태는 진정한 유희와 유사하다. 그것은 방랑하는 것과 춤추는 것의 관계 또는 춤추는 것과 걷는 것의 관계와 유사하다. 이것이 행복에 대한 예술가와 철학자의 환상이다.   『인간적인 너무나 인간적인』 I **100**

- - - -

많은 근면한 사람들의 어리석음 — 그들은 엄청나게 노력해서 자유 시간을 얻은 다음에는 그 시간이 다 갈 때까지 시간을 소비하는 일 외에는 아무것도 할 줄 모른다.   『인간적인 너무나 인간적인』 II **101**

- - - -

인간은 행복해지기보다는 **일**을 하려 한다. 따라서 인간을 고용하는 사람은 누구나 **선행을 베푸는 자**다. 권태로부터의 도피! 동양의 지혜는 권태를 감당해낼 수 있다. 유럽인은 이 지혜를 불가능한 것이라고 의심할 정도로, 이 지혜라는 재주는 유럽인에게 너무나 어렵다. 『유고』(1880년 여름) **102**

- - - -

부지런한 종족은 할 일 없이 한가하게 시간을 보내는 것을 매우 고통스럽게 생각한다. 일요일을 매우 거룩하지만 따분한 날로 만들어버림으로써 일할 수 있는 평일이 다시 왔으면 하는 갈망을 무의식적으로 갖게끔 한 것은 **영국적** 본능의 걸작이다. 그것은 영리하게 고안되어 영리하게 삽입된 일종의 **단식일**이다. 『선악을 넘어서』 **103**

- - - -

너무나 오만한 19세기의 유럽인이여, 그대는 제정신이 아니구나! 그대의 지식은 자연을 완성하기는커녕 그대 자신의 고유한 자연을 죽였을 뿐이다. 한 번이라도 좋으니 지자(知者)로서 그대의 높이를 능력자로서 그대의 낮음에 재어보라. 물론 그대는 지식의 햇빛을 따라 하늘을 향해 기어 올라가지만, 혼돈의 나락으로 떨어져간다. 그대의 걷는 방식, 다시 말해 지자로서 기어 올라가는 방식은 그대의 숙명이다. 그대의 토대와 기초는 불안할 정도로 연약하다. 그대의 삶에는 더 이상 어떤 받침목도 없고 오직 거미줄만 있을 뿐이다. 그것도 그대의 인식이 붙잡을 때마다 찢겨져 나간다. 「역사의 유익함과 해로움에 대하여」 **104**

- - - - -

[···] 완성되고 성숙해지고 조화를 이룬 인격의 시대는 결코 오지 않고 공통의 유용성을 최대한으로 추구하는 노동의 시대가 올 것이다. 이는 다음과 같은 것을 뜻한다. 사람들은 시대의 목적에 맞게 훈련됨으로써 가능한 한 제때 노동에 투입되어야 한다는 말이다. 사람들은 성숙한 사람이 되기 전에, 아니 오히려 성숙한 사람이 되어서는 안 되므로 보편적 공리를 추구하는 공장에서 일해야 한다. 왜냐하면 성숙은 '노동시장'에서 상당량의 힘을 빼앗는 사치이기 때문이다. 「역사의 유익함과 해로움에 대하여」 **105**

- - - - -

매일 사용되어 닳아지는 사람들 — 이 젊은이들에게는 인격도 재능도 근면함도 부족하지 않다. 그러나 그들에게는 스스로 자기 자신에게 어떤 방향을 제시하는 시간이 결코 허용되지 않았다. 오히려 그들은 어린 시절부터 어떤 방향을 받아들이도록 길들어졌다. 그들이 '사막에 보내도 좋을 만큼' 충분하게 성숙되었을 때, 사람들은 다른 것을 했다. 사람들은 그들을 이용했다. 그들은 자기 자신을 박탈당했고, **매일 사용되어 닳아지도록** 교육받았으며, 그것을 의무로 받아들였다. 그리고 지금 그들은 이렇게 매일 사용되지 않고는 지낼 수 없게 되었고, 이것 이외의 다른 것을 바라지도 않는다. 다만 수레를 끄는 이 가련한 동물들에게 '휴가'를 주지 않는 것은 허용되지 않는다. 과도하게 노동하는 세기에서 한가함이라는 이상은 '휴가'라고 불린다. 이러한 휴가 때는 한때나마 마음껏 게으름을 피우고 어리석은 어린아이처럼 굴어도 된다.　『아침놀』**106**

- - - -

노동을 찬미하는 사람 ― 사람들이 '노동'을 찬미하고 '노동의 축복'에 관해 지치지 않고 말하는 경우, 여기서 나는 사람들이 공익적이고 비개인적인 행위를 칭찬하는 경우와 동일한 저의(底意)를 본다. 그것은 '모든 개인적인 것에 대한 공포'라는 저의다. 사람들은 지금 이러한 노동 ― 이때의 노동이란 아침부터 밤늦게까지 이루어지는 저 고된 노동을 뜻한다 ― 을 보면서 이 노동이야말로 최고의 경찰이고, 모든 사람을 억제하며, 이성과 열망과 독립성의 토대가 발전하는 것을 강력하게 방해한다는 사실을 근본적으로 느낀다. 왜냐하면 노동은 엄청나게 많은 신경의 힘을 소모하고 성찰, 궁리, 몽상, 걱정, 사랑, 증오를 위해 쓸 힘을 빼앗아가기 때문이다. 노동은 항상 작은 목표를 겨냥하면서 손쉬운 규칙적인 만족을 보장해준다. 따라서 지속적으로 고되게 노동하는 사회는 비교적 안전할 것이다. 그리고 지금 안전은 최고의 신성(神性)으로 숭배되고 있다.　『아침놀』**107**

- - - -

고독을 배우는 것 ― 오, 그대들, 세계정치가 이루어지는 대도시에 사는 가련한 무리여! 그대들, 젊고 유능하고 명예욕으로 괴로워하는 사람들이여! 그대들은 모든 사건 ― 언제나 사건은 일어나고 있다 ― 에 대해 그대들의 의견을 말하는 것이 의무라고 알고 있다. 그대들은 이런 방식으로 먼지와 소음을 만들어내면 자신들이 역사를 이끌어가는 수레가 된다고 믿고 있다. 그대들은 언제나 귀를 기울이고 언제나 그대들의 의견을 던져 넣을 기회를 노리므로 진정한 생산성을 모조리 상실해버린다! 그대들이 아무리 위대한 일을 간절히 바란다 할지라도 그것을 잉태할 깊은 침묵은 결코 그대들에게 찾아오지 않는다. 그대들은 스스로 사건을 쫓는다고 생각하지만, 나날의 사건들이 그대들을 왕겨처럼 그 사건들 앞으로 몰아온다. 그대들, 가련한 무리여! 『아침놀』 **108**

- - - -

그렇다. 학문은 최근 수십 년 동안 놀랄 만한 속도로 빠르게 발전했다. 그것은 그렇다 치더라도 지쳐버린 암탉 같은 학자들을 주목해보라. 그들은 정말 '조화로운' 본성을 갖고 있지 않다. 그들은 이전보다 더 많이 꼬끼오 꼬꼬 하고 울어댈 수 있을 뿐이다. 왜냐하면 너무나 자주 달걀을 낳기 때문이다. 물론 달걀도 점점 더 작아지고 있다(책들은 점점 더 두꺼워지고 있지만 말이다). 「역사의 유익함과 해로움에 대하여」 **109**

- - - -

어떤 학자의 책을 앞에 두고 ― [⋯] 학자의 책에는 거의 언제나 어떤 억압하는 것과 어떤 억압당한 것이 있다. 이 '전문가'는 어디에선가 자신의 특성을 나타낸다. 그의 열정, 그의 진지함, 그의 분노, 그가 앉아서 생각을 짜내는 자신의 외진 구석에 대한 과대평가, 그리고 그의 굽은 허리가 나타난다. 모든 전문가는 굽은 허리를 가지고 있다. 학자의 책은 언제나 굽은 영혼도 반영한다. 모든 전문적인 수공업은 구부리는 일을 하기 때문이다. 젊은 시절을 같이 보낸 친구를 학문의 전문가가 된 후에 다시 만나보라. 아, 얼마나 반대가 되어버렸는가! 아, 얼마나 그가 학문의 손에 의해 완전히 지배당하고 소유되어버렸는가! 자신의 구석 자리에 틀어박혀 알아보지 못할 정도로 깡그리 소모되어 자유롭지 못하고 균형을 잃고 쇠약하며 모든 점에서 모가 나 있고 단지 한 부분에서만 뛰어나게 원만한 인간! 사람들은 그를 다시 만나면 마음에 충격을 받아 할 말을 잃는다. 모든 전문적 수공업은 바닥은 금으로 되었다고 해도 머리 위의 천장은 납으로 씌워져 있다. 이 천장이 영혼을 짓누르며 더욱이 영혼이 기이하게 구부러질 때까지 짓누른다. 어떻게 달리 할 수 있는 방법이 없다. 그야말로 그 누구도 교육 수단을 통해 이러한 기형화에서 벗어날 수 있을 것이라고는 믿지 않는다. 어떤 유형이든 **장인**은 대지 위에서 비싼 대가를 치러야 한다. 대지 위에서는 모든 것이 너무 비싼 대가를 치르는 것 같기도 하다. 사람들은 자기 전문 분야에 의해 희생자가 되는 대가를 치르고서야 전문가가 된다. 『즐거운 학문』**110**

- - - -

무조건적인 근면은 [...] 부와 명예에 이르는 길로서 권태와 정열을 치료하는 특효약으로 제시된다. 그러나 사람들은 그것이 갖는 위험성에 대해서는, 그것도 치명적인 위험성에 대해서는 침묵한다. [...] 무조건적인 근면이 확실히 부나 명예를 가져다주기는 하지만, 그와 동시에 그 부와 명예를 향유할 수 있게 하는 감각의 섬세함을 없애버리는 — 권태와 정열에 대한 저 특효약이 감각을 둔화시키고 새로운 자극에 대해 정신을 둔하게 만드는 — 경우를 얼마나 자주 보았는지 모른다. 인간의 역사 중에서 가장 근면한 우리 시대는 그 많은 근면과 돈으로부터 더 많은 돈과 근면을 만들어내는 것 외에는 아무것도 할 줄 모른다. 그야말로 돈을 버는 것보다 돈을 쓰는 것에 더 많은 천재를 요구한다! 『즐거운 학문』 111

- - - -

부의 위험 — 정신을 갖고 있는 사람만이 **소유해야 한다.** 그렇지 않으면 소유는 **공적으로 위험한 것**이 된다. 왜냐하면 소유가 자신에게 보장해주는 한가한 시간을 사용할 줄 모르는 소유자는 항상 **소유하기 위해** 계속 나아갈 것이기 때문이다. 이러한 노력이 그의 즐거움이고, 권태와의 싸움에서 써먹는 그의 전략이다. 그리고 마침내 진정한 부는 정신적인 사람을 만족시킬 만한 정도의 적당한 소유로부터 생겨난다. 결론적으로 말하면 진정한 부는 정신적인 의존성과 빈곤의 빛나는 성과로 생겨난 것이다. **이제** 부는 그의 가련한 혈통에서 기대되는 것과는 전혀 다른 양상으로 **나타난다.** 왜냐하면 이제 부는 교양과 예술로 가면을 쓸 수 있기 때문이다. 이제 부는 그야말로 가면을 **살 수 있다.** 이로써 부는 근본적으로 항상 교양을 부러워하고, 가면 속에서 가면을 보지 못하는 가난하고 교양 없는 사람들에게 질투심을 자극하고, 서서히 사회적 변혁을 준비한다. 왜냐하면 이른바 '문화의 향유' 속에서 나타나는 금빛 찬란한 저속함과 기만적인 과대포장 양상은 그 사람들로 하여금 '중요한 것은 오로지 돈뿐'이라고 생각하도록 만들기 때문이다. 물론 돈도 **약간**은 중요하지만, **정신이 훨씬 더 중요하다.** 『인간적인 너무나 인간적인』 II **112**

- - - - -

물론 사람들은 독일에 만연한 '아름다운 형식'에 대한 경향성을 조금 다르게, 그리고 좀 더 깊게 추론해낼 수 있다. 저 성급함으로부터, 순간에 대한 숨 가쁜 포착으로부터, 모든 사물을 아직 새파란 가지인데도 꺾어버리는 조급함으로부터, 인간의 얼굴에 방금 주름을 새기고 그들이 행하는 모든 행동에 또다시 문신을 새기는 저 질주와 사냥으로부터 그러한 경향성을 추론하는 것이다. 마치 더 이상 조용히 숨 쉴 수 없게 만드는 술이 작용하는 것처럼 그들은 안절부절못하는 불안 속에서 순간(Moment), 의견(Meinung), 유행(Mode)이라는 세 가지 M에 혹사당하는 노예로 돌진해간다. 그래서 위엄과 예절의 결여가 너무나 무안할 정도로 눈에 들어와 이제 또다시 가식적인 우아함을 필요로 하게 되고, 이를 통해 '위엄 없는 조급함'이라는 병을 가면으로 덮으려 한다. 이와 같이 아름다운 형식에 대한 유행적인 열망은 현대인의 추한 내면과 서로 관련이 있다. 전자는 숨기고, 후자는 숨겨져야 한다. 그래서 이제 교양이 있다는 것은 자신이 얼마나 비참하고 형편없는지, 얼마나 맹수처럼 추구하는지, 얼마나 지칠 줄 모르고 수집하는지, 얼마나 이기적으로 몰염치하게 향유하는지를 남들이 눈치 채지 못하게 하는 것을 뜻한다. 「교육자로서의 쇼펜하우어」 **113**

- - - -

의견의 변화가 빠를수록 세계는 점점 더 빨리 돌아간다. 연대기는 저널로 변하고, 마침내 전신은 사람들의 의견이 단 몇 시간만에 변한다는 사실을 명확하게 보여준다. 『유고』(1876년 10~12월) **114**

- - - -

지난 백 년 전부터 우리는 매우 근본적인 지각 변동에 대비해 왔다. 최근 들어 붕괴하거나 폭발하려고 하는 이러한 심각한 현대적 성향을 이른바 국민국가의 구성력을 통해 저지하려 하지만, 국민국가도 장기적으로 보면 일반적인 불안과 위협을 증대시킬 뿐이다. 개인들이 이 모든 우려를 전혀 모르는 것처럼 행동하더라도 우리는 현혹되지 않는다. 그들의 불안은 그들이 그것에 대해 이미 잘 알고 있다는 것을 말해준다. 그들은 조급증을 내면서 오직 자기 자신만을 생각한다. 이제까지 어떤 인간도 그 정도로까지 자기 자신만을 생각하지는 않았다. 그들은 오늘 하루를 위해서만 경작하고 싶는다. 그리고 오늘과 내일 사이에 행복을 꽉 붙잡아야 하므로 행복에 대한 사냥은 그것보다 결코 길어질 수 없을 것이다. 모레가 되면 아마도 사냥 시간이 모두 끝나버릴 것이기 때문이다. 우리는 원자의 시대, 원자론적 혼돈의 시대에 살고 있다. 「교육자로서의 쇼펜하우어」 **115**

- - - -

지혜의 가장 중요한 역할은 인간이 순간에 지배되는 것을 막아준다는 사실이다. 그렇기 때문에 지혜와 신문은 서로 어울리지 않는다. 『유고』(1873년 가을~1873/1874년 겨울) **116**

- - - -

　　쇼펜하우어는 언젠가 다음과 같이 말했다. 자신의 시대조차 뒤떨어진 것으로 파악된다는 것을 알게 된다면, 사람들은 시대의 유행을 따라가지 않고 그 뒤에 남아 있으려 할 것이라고 말이다. 『유고』(1874년 봄~여름) **117**

- - - -

　　한가와 여가 ― 미국인이 금을 얻으려고 노력하는 태도에서는 인디언 같은, 인디언의 피에 흐르는 독특한 야성이 감지된다. 그들의 숨 가쁘게 서두르는 노동은 ― 이러한 새로운 세계의 고유한 악습은 ― 늙은 유럽도 이미 감염시켰고, 오랜 역사를 지닌 유럽을 야만적으로 만들고 있으며, 매우 놀랄 만한 정신의 결핍증을 퍼뜨리기 시작했다. 이제 사람들은 휴식을 부끄럽게 생각한다. 오랜 사색은 거의 양심의 가책을 느끼게까지 한다. 사람들은 시계를 손에 들고서 생각하고, 정오에 점심을 먹으며 주식 신문을 본다. 사람들은 언제나 무언가를 '놓치고 있는 것'은 아닌가 하고 불안해하면서 산다. "아무것도 하지 않는 것보다는 차라리 아무 일이라도 하라"는 이러한 원칙이야말로 모든 교양과 모든 고귀한 취미의 목숨을 끊어버린 장본인이다. 분명히 모든 형식이 이러한 조급한 노동 때문에 몰락하고 있는 것과 마찬가지로 형식에 대한 감각 자체도, 운동의 선율에 대한 눈과 귀도 몰락하고 있다. [···] 사람들은 의식(儀式)을 위한, 완곡한 친절을 위한, 모든 여흥의 정신을 위한, 그리고 무엇보다 **여가**를 위한 시간도 능력도 이제 더 이상 갖고 있지 않다. 왜냐하면 이익을 좇는 삶이 끊임없이 강요하는 것은 지속적으로 자신을 꾸며내고 계략을 짜내고, 남을 앞지르기 위해 자신의 정신이 고갈되는 그 순간까지 계속 소모하는 일이기 때문이다. 오늘날의 진정한 미덕은 다른 사람보다 더 짧은 시간 안에 어떤 일을 해치워버리는 것이다. 그래서 솔직함을 위해 **허용된** 시간은 거의 없을 수밖에 없다. 사람들은 이러한 시간에 피로하여 자신을 '멋대로 내버려두고' 싶을 뿐만 아니라 길고 넓게 대충 몸을 뻗고 싶을 뿐이다. [···]

　　노동은 모든 양심을 점점 더 자기편으로 만들고 있다. 기쁨을 찾는 경향은 이미 '회복의 필요'라고 불리고 있지만, 스스로를 부끄러워하기 시작했다. 소풍을 갔다가 발각되기라도 하면, "이것은 내 건강 때문이야"라고 변명한다. 이제 관조적 삶(vita contemplativa)을 추구하는 경향(다시 말해 생각과 친구를 동반하면서 산책하는 일)은 자기경멸과 양심의 가책을 느끼지 않고서는 허용되지 않는 시대가 곧 올 것이다. 『즐거운 학문』**118**

- - - - -

　　노동 시간 중의 예술 ── 우리는 **근면한** 시대의 양심을 갖고 있다. 이 양심은 예술을 위해 가장 가치 있는 오전 시간을 우리에게 할애하는 것을 허락하지 않는다. 이러한 예술이야말로 가장 위대하고 존경할 만한 것일 텐데도 말이다. 우리는 예술을 여가와 휴식 시간에 할 일로 간주한다. 예술에 우리의 시간과 힘 중에서 **잔여** 부분을 바친다. 『인간적인 너무나 인간적인』II **119**

- - - -

예술의 존속 — 오늘날 예술작품으로서의 예술은 근본적으로 어떤 근거에서 존속하는가? 여가를 가진 대다수의 사람들에 의해서다. 그리고 실로 이러한 사람들을 위해서만 예술이 존재한다. 그들은 음악을 듣거나 연극을 보거나 미술을 보지 않고서는, 또한 소설이라든가 시를 읽지 않고서는 자신의 시간을 활용할 수 없다고 믿고 있다. 만약 그들이 이러한 만족을 누릴 수 없게 되었다고 가정하면, 한편으로 그들은 그렇게 애써서 여가를 가지려 하지 않을 것이다. 그러면 부유한 자들을 선망의 눈길로 바라보는 일도 훨씬 **드물어질** 것이다. 이것은 사회가 존속하는 데 커다란 이득이 된다. 다른 한편으로 그들은 여가를 누리면서 **사색하는** 법을 배울지도 모른다. 이것은 배울 수도 있고, 배운 것을 잊을 수도 있는 일이다. 예컨대 자신의 노동에 대해, 자신의 관계에 대해, 자신이 베풀 수 있는 기쁨을 사색하는 법에 대해 배울지도 모른다. 예술가를 제외한 세상 모든 사람은 이 두 가지 경우 모두에서 이득을 얻게 될 것이다. 『인간적인 너무나 인간적인』II **120**

- - - -

일상의 예술이라고? 일상의 예술은 바로 근대적 삶의 방식을 정당화해야 한다고 한다. 자극과 흥분이 교차하는 가운데, 말하자면 서양과 동양의 모든 식료품점을 지칠 줄 모르고 왕래하면서 유쾌한 냄새이건 불쾌한 냄새이건, 세련된 것이건 조잡하고 거친 것이건, 그리스적인 것이건 중국적인 것이건, 비극이건 외설적인 연극이건 간에 그것을 욕망하는 온갖 취미에 개방된 상태에서, 근대의 조급하면서도 지나치게 자극적인 세속화를 반영함으로써 점점 더 강력해지는 오락과 잡담의 기술로써 근대적인 삶의 방식을 정당화해야 한다고 한다. 『유고』(1874년 봄~여름) **121**

- - - -

우리 근대인은 미술관을 섭렵하는 것처럼 연주회에서 음악을 듣는다. 사람들은 이것과 저것은 울림이 다르고, 이것과 저것은 효과가 다르다는 것을 느낀다. 사람들은 경이로움의 감정을 점점 더 잃어버리고, 그 어떤 것에 대해서도 지나치게 경탄하지 않고, 마침내 모든 것을 받아들이는 것을 필시 역사적 감각이나 역사적 교양이라 부를 것이다. 표현에 멋을 부리지 않고 말하면, 밀려들어오는 양이 너무나 막대하고, 낯선 것, 야만적인 것, 폭력적인 것이 '무서운 덩어리로 뭉쳐서' 청년의 영혼을 너무나 압도하며 습격하기 때문에 의도적으로 둔감해져야 스스로를 구할 수 있을 정도다. 더 예민하고 강렬한 의식이 밑바닥에 놓여 있었다면, 아마 다른 감정이 일어날 수도 있었을 것이다. 구토의 감정 말이다. 「역사의 유익함과 해로움에 대하여」 **122**

- - - -

탄식의 노래 — [...] 사람들은 노동과 근면이 — 예전에는 건강이라는 위대한 여신의 결과였지만 — 지금은 때때로 질병과도 같이 광분하고 있는 것처럼 보인다는 데 대해 시인해야 한다. 사유를 위한 시간과 사유에서의 평온이 없으므로 사람들은 더 이상 다른 견해들에 대해서는 숙고하지 않는다. 사람들은 그 견해들을 싫어하는 것으로 만족한다. 삶의 엄청난 속도 때문에 정신과 눈은 어중간하게 또는 잘못 보거나 판단하는 데 익숙해졌다. 모든 사람은 철도 여행을 통해 그 나라와 국민을 알게 되는 여행자와 비슷해진다. 사람들은 독자적이고 신중한 인식 태도를 거의 일종의 정신이상으로 간주하고 경시한다. 자유정신은 특히 학자들에 의해 악평을 받고 있다. 학자들은 사물을 관찰하는 자유정신의 방법 안에는 자신들의 철저함이나 개미 같은 근면함이 없다고 비난하고, 자유정신을 학문의 한구석으로 추방하려고 한다. 『인간적인 너무나 인간적인』 | **123**

- - - -

인식하는 자의 건축 — 아마도 곧 우리는 특히 대도시가 결여하고 있는 것이 무엇인가에 대해 생각할 필요가 있을 것이다. 사색에 잠길 수 있는 조용하고 넓게 펼쳐진 곳, 날씨가 나쁠 때나 강한 햇빛이 들 때에도 거닐 수 있는 높은 천장과 길게 뻗은 회랑이 있는 곳, 마차의 소음이나 시끌벅적한 소리가 닿을 수 없는 곳, 세련되고 품위 있는 분위기 때문에 심지어 성직자조차 큰 소리로 기도할 수 없는 곳, 그리고 전체적으로 자기 성찰과 비켜 있는 존재의 숭고를 표현하는 건축과 환경 말이다. [...] 우리는 이런 회랑과 정원을 산책할 때 차라리 돌과 초목 가운데로 **우리 자신을** 옮기길 원하고, **우리 자신 안으로** 산책하길 원한다. 『즐거운 학문』 **124**

- - - -

아름다운 것 앞에서 **침묵하게 되는 것**은 가장 섬세하고 가장 멀리 있는 음을 굉장히 기대하면서 **들으려는** 것이다. 이때 우리는 자신 전체가 귀와 눈이 되어버린 사람처럼 행동한다. **아름다움은 우리에게 무언가를 말하고 있다.** 그렇기 때문에 우리는 침묵하게 되고, **우리가 보통 생각하는 것**에 대해서는 아무것도 생각하지 않는다. 따라서 정적, 그리고 평온과 인내는 어떤 준비일 뿐 그 이상은 **아니다!** 모든 관조는 이와 같은 것이다.

그러나 그 안에 존재하는 **평온, 쾌감 그리고 긴장의 해방**은? 이때 분명히 **우리가 가진 힘의 매우 균형 잡힌 방출**이 일어난다. 이때 우리는 말하자면 우리가 거니는 높은 주랑에 **조응하게 된다.** 그리고 우리가 본 것을 평온과 우아함을 통해 **모방하는** 그러한 운동들이 우리의 영혼에서 일어난다. 고귀한 사회가 우리에게 고귀한 태도를 갖게 하는 영감을 주듯이 말이다. 『유고』(1883년 봄~여름) **125**

- - - -

한가한 사람들 편에서 ─ [...] 무위(無爲)가 실제로 모든 악덕의 **시초**라면, 무위는 적어도 모든 미덕에 가장 가까이 있는 셈이다. 한가한 사람은 언제나 활동적인 사람보다 더 나은 사람이다. 그러나

그대들은 내가 한가함과 무위라는 말로써 그대들을, 그대들 건달들을 가리키고 있다고 생각지는 않겠지? 『인간적인 너무나 인간적인』 | **126**

- - - -

독창적인 인간은 활동적인 인간과는 **전혀 다르게** 산다. 그는 목적 없는 불규칙적인 활동을 할 수 있는 시간이 필요하고, 시도와 새로운 길도 필요하다. 그는 이익을 좇기 위해 활동하는 사람처럼 단지 잘 알려진 길만 가는 것이 아니라 그것보다 더 많은 것을 찾아낸다. 『유고』(1880년 초) **127**

- - - -

일과 권태 ─ 보수를 위해 일자리를 구한다. 오늘날 문명화된 나라에 사는 거의 모든 인간은 이 점에서 동일하다. 그들 모두에게 일은 수단일 뿐 그 자체가 목적은 아니다. 그렇기 때문에 그들은 일을 선택할 때 별로 섬세하지 못하다. 그 일이 많은 수입을 가져다주기만 하면 된다. 하지만 **즐거움** 없이 일하기보다는 차라리 죽기를 바라는 극소수의 사람들이 있다. 일 자체가 모든 이득 중 가장 큰 이득이 아니라면, 까다로워서 만족시키기 어려운 그들에게는 많은 금전적 이득도 아무런 소용이 없다. 이러한 보기 드문 부류의 인간에 속하는 자들이 모든 유형의 예술가와 관조적인 사상가다. 그리고 자기 삶을 사냥, 여행, 혹은 연애나 모험에 바치는 한가한 사람들도 여기에 속한다. 그들은 모두 일이 즐거움과 결합해 있는 경우에 한에서만 그 일과 어려움을 원한다. 그들은 필요하면 지극히 어렵고 힘든 일이라 할지라도 선택한다. 그 밖의 경우에는 단호하게 게으름을 택한다. 심지어 가난, 불명예, 건강과 생명을 위협하는 것이 그 게으름과 결합해 있을지라도 그렇다. 그들은 권태보다 즐거움이 없는 일을 더 두려워한다. 오히려 그들은 **자기** 일의 성공을 위해 권태를 필요로 한다. 사상가에게, 그리고 창조적인 정신을 지닌 모든 사람에게 권태는 순조로운 항해와 즐거운 바람에 선행하는, 영혼의 저 유쾌하지 못한 '무풍 상태'다. 그들은 그것을 견뎌내야 한다. 또한 그것의 작용을 혼자서 **기다리지** 않으면 안된다. 바로 **이것이야말로** 범인(凡人)은 도저히 도달할 수 없는 것이다! 모든 수단을 다해 권태를 몰아내려 하는 것은 천박한 일이다. 즐거움 없이 일하는 것이 천박한 것처럼 말이다. 『즐거운 학문』**128**

- - - -

선율 없이 — 자기 자신을 부단히 고집하면서 자신의 모든 능력을 조화롭게 정돈하는 특성을 가지고 있기 때문에 목표 설정의 모든 활동을 거부하는 사람들이 있다. 그들은 잘 짜인 동적인 선율의 단초조차 등장할 필요 없이 매우 길게 이끄는 조화로운 화음만으로 구성된 음악과 비슷하다. 외부에서 오는 운동도 조화롭고 아름다운 화음의 호수 위에 떠 있는 조각배가 새로운 평형을 곧 다시 유지하도록 하는 데 도움을 줄 뿐이다. 근대인은 이러한 본성의 소유자들을 만나게 되면 보통 극도로 불안해한다. 왜냐하면 근대인은 그들에게서 나온 것은 아무것도 **아닐 수 있지만**, 그들이 아무것도 **아니라고는** 말할 수 없기 때문이다. 그러나 그들의 모습은 개개의 분위기 속에서 낯선 의문을 불러일으킨다. 도대체 선율은 무엇을 위해 존재하는가? 깊은 호수에 삶이 고요히 자신을 비치고 있을 때, 무엇 때문에 우리는 그것에 만족하지 못하는가? 중세에는 우리 시대보다 그런 본성을 지닌 사람들이 더 많았다. 군중 속에서도 자신과 함께 그토록 평화롭고 즐겁게 살아갈 수 있는 사람을 만난다는 것은 그야말로 드문 일이다. 그는 괴테처럼 자신에게 이렇게 말할 것이다. "최상의 것은 깊은 고요다. 나는 그 고요 속에서 세상에 역행하며 살아가고 성장하고, 또 세상이 나에게서 불과 칼로써 앗아갈 수 없는 그러한 것을 얻노라." 『인간적인 너무나 인간적인』 I **129**

- - - -

깊이와 지루함 — 깊은 우물처럼 깊이 있는 사람도 그 안쪽으로 떨어진 것이 밑바닥에 이르기까지는 오랜 시간이 걸린다. 충분히 오랫동안 기다리지 못하는 보통의 목격자들은 그런 깊이 있는 사람을 무감각하고 무뚝뚝한 사람이라고, 또는 지루하기 짝이 없는 사람이라고 쉽게 간주해버린다. 『인간적인 너무나 인간적인』 II **130**

- - - -

고독한 사람이 말한다 — 수많은 싫증과 우울과 권태에 대한 보상으로서 — 이 모든 것은 친구, 책, 의무, 열정과 상관없이 고독을 가져올 수밖에 없다 — 사람들은 자신과 자연에 대해 깊이 성찰하는 15분간의 자성의 시간을 얻게 된다. 권태에 대해 철저히 방벽을 쌓는 사람은 자기 자신에 대해서도 방벽을 쌓는 사람이다. 그는 자신의 깊은 내면의 샘에서 솟아나는 가장 강한 청량음료를 결코 마실 수 없을 것이다. 『인간적인 너무나 인간적인』II **131**

- - - -

체념하지 말라! ― 세상을 모르면서 세상을 체념하는 것은 **수녀**와 같은 것이다. 그것은 무익한 것이고 아마도 우울한 고독을 낳을 것이다. 그것은 사상가의 관조적 삶의 고독과는 아무런 공통점이 없다. 사상가가 **관조적인 삶**을 선택한다면, 그는 결코 체념하지 않을 것이다. 오히려 실천적 삶 속에서 참고 견뎌야 한다는 점이 그에게 체념과 우울과 자신의 몰락을 야기한다. 그는 실천적 삶을 단념한다. 왜냐하면 그는 이러한 실천적 삶을 잘 알고 있고, 자기 자신을 잘 알고 있기 때문이다. 그렇게 그는 **자신의 물속으로 뛰어**들고, 그렇게 해서 **자신의 쾌활함**을 얻게 된다. 『아침놀』**132**

- - - -

일종의 휴식과 관조 ― 그대의 휴식과 관조가 푸줏간 앞에 앉아 있는 개 꼴이 되지 않도록 주의하라. 개는 두려움 때문에 앞으로 가지도 못하고 욕망 때문에 뒤로 물러서지도 못한 채 마치 눈이 입이기라도 한 듯 눈을 활짝 열고 있다. 『인간적인 너무나 인간적인』II **133**

6

"
자유롭지 않게 배부르게 살기보다는
자유롭게 적은 음식으로
"

영양섭취의
문제에 대하여

대부분의 사람은 근대 세계의 가속화된 삶의 리듬으로 인해 체험과 인상들로부터 오는 좋은 영향을 차분하게 수용하는 능력을 서서히 상실해가고 있다. 홍수처럼 끊임없이 밀려드는 자극적인 것들은 감각을 둔하게 만들 뿐만 아니라 더욱 새롭고 강한 자극에 대한 갈망을 계속해서 낳는다. 이것은 특히 영양섭취 영역에도 적용된다.

니체는 자신의 동시대인, 특히 자기 나라 사람들인 독일인의 먹고 마시는 무절제한 습관을 비판하기 위해 때때로 고대를 대립되는 모델로 활용한다. 이 철학자는 고대 그리스인의 향유의 능력과 동시에 그들의 검소와 절제의 능력에 대해 놀라워했다. 우리 근대인에게 이러한 능력들은 점점 자취를 감추고 있다. 니체는 그리스인이 지혜를 개인적인 취향에 의해 지배되는 판단력으로 이해했다고 본다. 이러한 생각은 특히 니체의 철학적 건강론을 이해하려 할 때 매우 중요한 의미를 갖는다. 성숙한 인간 ─ 몸의 관점에서나 정신의 관점에서 ─ 은 결코 '비개인적으로' 영양을 섭취하는 사람이 아니라 자신의 고유한 취향에 따라 자신에게 적합한 것과 자신의 몸과 정신을 강하게 해주는 것을 선택할 줄 아는 사람이다. 이와 같이 그리스인이 '지혜로운 자(sophos)'를 '선택하는 자', '취향에 따라 분별하는 자'로 지칭한 것처럼, 니체도 자신의 철학을 '모든 것에 대한 개인적 식이요법'을 스스로 규정하는 것으로 이해한다.

- - - - -

'근대성'을 영양섭취와 소화에 비유해서

감수성은 그 어느 때보다 이루 말할 수 없을 정도로 예민해지고(동정심의 증가라는 도덕주의적인 치장하에), 일치하지 않는 인상들도 그 어느 때보다 풍부해지고 있다. 음식, 문학, 신문, 형식, 취향, 심지어는 풍경 등의 **세계화**. 이러한 흐름의 **속도**는 **매우 빠르다**. 인상들이 흐릿하게 나타난다. 사람들은 어떤 것을 안으로 수용하고 **깊이** 받아들이며 '소화'해내는 일에 대해 본능적으로 저항한다.

소화력의 **약화**라는 결과가 여기에서 비롯된다. 이러한 누적되어 있는 인상들에 대한 일종의 **적응 현상**이 생겨난다. 인간은 **적극적으로 행위하는** 것을 잊어버린다. 그는 외부로부터의 자극에 단순히 반응할 뿐이다.

인간은 자신의 힘을 일부는 **선점**하면서, 일부는 **방어**하면서, 일부는 **반항**하면서 **써버린다**.

자발성의 심각한 약화: 역사가, 비평가, 분석가, 해석자, 관찰자, 수집가, 독자 ― 모두 **수동적으로 반응하는** 재능을 가진 자들이다. 모든 학문도 마찬가지다!

자신의 본성을 '거울'로 만들기 위한 인위적 **조작**: 관심을 갖기는 하지만, 말하자면 단순한 표피적 관심일 뿐이다. 그것은 근본적인 냉정함과 균형감이다. 확고하게 고수되는 **낮은** 체온이 열과 운동, '폭풍'과 파동이 존재하는 얇은 표면 바로 밑에 촘촘히 있다.

외적인 운동성이 일정한 형태의 **심각한 어려움**이나 **피로함**과 대립해 있다. 『유고』(1887년 가을) **134**

- - - - -

여전히 자신의 체험을 소화시키는 법을 잊지 않은 자들은 모두 소화시키는 자의 게으름에 대해서도 잊지 않았다. 그들은 조급함과 분주함의 이러한 시대에서는 그 게으름 때문에 불쾌감을 일으킨다. 『유고』(1882년 11월~1883년 2월) **135**

- - - - -

너무나 많고 너무나 적은 ― 오늘날 모든 사람은 너무나 많은 체험을 하지만, 너무나 적게 숙고한다. 그들은 병적인 식욕과 복통을 동시에 가지고 있어 아무리 많이 먹어도 점점 더 야위어간다. "나는 아무런 체험도 하지 못했다"라고 말하는 자가 있다면 그는 바보다. 『인간적인 너무나 인간적인』 II **136**

- - - - -

나쁜 식이요법에 대해 반대하며 ― 호텔이건, 사회의 상류층이 살고 있는 어느 곳이건 현재 사람들이 하는 식사는 엉망진창이다! 존경받을 만한 학자들이 함께 모이는 경우일지라도 관례적으로 그들의 식탁도 은행가의 식탁처럼 동일하게 가득 채워진다. '매우 많이' 그리고 '매우 다양하게'라는 법칙에 따라 말이다. 그 결과 요리는 인상(印象)을 주기 위해 만들어질 뿐 영양을 고려하면서까지 조리되지는 않는다. 그래서 위장과 두뇌의 무거움을 없애기 위해 자극적인 음료의 도움이 필요하게 된다. 바보 같은 짓이다. 그것 때문에 얼마나 갈피를 잡을 수 없게 되고, 얼마나 신경이 과민하게 되는지! 어떤 몽상들이 그들에게 나타날 수밖에 없는지! 어리석게도 어떤 예술과 책들이 그러한 식사의 후식이 될 것인지! [...] 끝으로, 이들의 식사에서 구역질나는 것뿐 아니라 우스꽝스러운 면도 말한다면, 그 사람들이 결코 미식가들은 아니라는 것이다. 그들의 위장보다 우리 세기와 사업적 성격이야말로 그들의 몸을 더 잘 지배한다. 그러면 이 식사는 무엇을 원하는 것일까? **그것은 대표한다!** 모든 성인(聖人)의 이름으로 묻는바, 도대체 무엇을 대표하는가? 신분? 아니다. 돈이다. 우리는 더 이상 신분을 가지지 않는다! 우리는 '개인'이다! 그러나 돈은 힘이고 명예이고 위엄이고 우위이며 영향력이다. 현재 돈은 어떤 사람이 얼마나 소유하는지에 따라 그 사람에 대한 크고 작은 도덕적인 편견을 만들어낸다! 아무도 그것을 그릇 밑에 놓으려 하지 않는다. 물론 아무도 그것을 그냥 식탁 위에 두려 하지는 않는다. 장래에 돈은 식탁 위에 자신을 놓이게 할 수 있는 어떤 상징 기호를 반드시 갖게 될 것이다. 우리의 식사를 보라! 『아침놀』**137**

- - - -

나는 완전히 다른 문제에 흥미를 느끼고 있다. '인류의 구원'은 신학자가 가지고 있는 골동품적인 문제들보다 더욱더 이 문제에 달려 있다. 그것은 **영양섭취**라는 문제다. 이 문제를 쉽게 다루기 위해 다음과 같이 표현할 수 있다. "**너는** 너 자신 안에서 힘의 극대화에, [...] 도덕과 무관한 덕의 극대화에 이르기 위해 어떻게 영양섭취를 해야 하는가?" 이 문제에 관한 나의 경험은 매우 좋지 않다. 나는 이 문제를 그렇게 늦게 들은 데 대해 놀랄 뿐이고, 그리고 이 경험을 통해 그렇게 늦게 '이성'을 배우게 된 데 대해서도 놀랄 뿐이다. […] 사실 나는 가장 성숙한 시기에 이를 때까지 언제나 **나쁜** 식사만을 해왔다. 도덕적으로 표현하면 '비개인적이고(unpersönlich)', '사심 없고(selbstlos)', '이타적인(altruistisch)' 식사를 해왔다. […] 독일 요리 전체가 그 어떤 책임을 느끼지 않아도 된단 말인가! 식사 **전** 수프(16세기의 베네치아 요리책에서는 아직 독일풍이라고 되어 있다), 푹 익은 고기, 기름과 밀가루가 범벅된 채소, 문진처럼 변질되어버린 밀가루 음식! 여기에다가 물론 결코 **옛** 독일인만 그런 것은 아니지만, **옛** 독일인의 짐승 같은 음주 습성에 대해 깊이 생각해보면 **독일 정신**의 유래를 이해할 수 있게 된다. 독일 정신은 쇠약해진 내장에서 유래한다. 독일 정신은 소화불량이다. 독일 정신은 어느 것도 소화하지 못한다. 하지만 **영국식** 식이요법이라는 것도 독일식 식이요법이나 심지어 프랑스식 식이요법과 비교해보면 일종의 '자연으로의 복귀', 말하자면 식인주의로의 복귀인데, 이것도 나의 본능에는 매우 심하게 거슬린다. 내가 보기에 이것은 정신에 **무거운** 다리를 달아놓은 격이다. 영국 여인들의 다리 말이다. 최고의 요리는 피에몬테식이다. 알코올은 나에게 해롭다. 하루 한 잔의 와인이나 맥주는 나의 삶을 완벽하게 '눈물 골짜기'로 만들어버리기에 충분하다. 그러니 뮌헨에는 나와 반대되는 사람들이 살고 있다. […] 중년이 되어서 나는 […] 점점 더 모든 종류의 '정신적인' 음료에 대해 엄격해지기로 결심했다. 나는 […] **정신적인** 본성을 소유한 모든 사람에게 무조건 알코올을 금하라고 충고한다. **물만으로도**

충분하다. 나는 어디서든 흐르는 샘물에서 물을 떠서 마실 수 있는 곳을 선호한다(니스, 토리노, 질스). 나는 개 한 마리를 데리고 산책하듯이 항상 컵 하나를 가지고 다닌다. 포도주 속에 진리가 있다(In vino veritas). 나는 여기서도 다시 한번 '진리' 개념에 관해 모든 세계와 일치하지 못하고 있는 것처럼 보인다. 나에게 정신이란 **물** 위에 떠다니는 것이다. [...] 오래 끄는 식사는 하지 않도록 말려야 한다. 내가 '중단되어야 할 희생만찬'이라고 부르는 진수성찬 식사는 하지 않도록 말려야 한다. 간식도 먹지 말고 커피도 마시지 말라. 커피는 우울하게 만든다. 차는 아침에 마셔야 건강에 좋다. 적게 마시되 진하게 마셔라. 차는 조금만 약해도 건강에 매우 해로우며 하루 종일 힘들게 한다. 차를 마실 때는 누구나 자신의 척도가 있는 법이며, 그것은 종종 매우 정밀하고도 미묘한 경계 사이에 있다.

『이 사람을 보라』 **138**

- - - -

나는 채식주의자들이 원칙을 갖고서 좀 더 적게, 좀 더 간단하게 식사하는 것이 새로운 도덕 체계 모두를 합친 것보다 더 쓸모 있다고 **생각한다.** 여기에는 그 어떤 과장도 없다. 『유고』(1873년 가을 ~1873/1874년 겨울) **139**

- - - -

희생자로서의 염세주의자 — 현존재에 대한 깊은 불만이 지배적인 곳에서는 하나의 민족이 오랫동안 저질러온 식이요법상의 중대한 실수의 여파가 분명하게 나타난다. [...] 근대 유럽이 느끼고 있는 불만은 아마도 우리 이전의 세계인 중세 전체가 유럽에 영향을 미친 게르만족의 성향 때문에 음주벽에 빠진 것과 연관이 있을 것이다. 중세는 유럽이 알코올 중독에 빠져든 시기를 의미한다. 『즐거운 학문』**140**

- - - -

소포클레스주의 — 그리스인보다 포도주에 더 많은 물을 섞어 넣은 사람들이 있었을까! 소박함과 우아함은 결합해 있다. 이것이 소포클레스 시대와 그 이후의 아테네인이 가진 귀족적 특권이었다. 할 수 있는 사람은 모방해보라! 생활에서든 창작에서든! 『인간적인 너무나 인간적인』 II **141**

- - - -

얼마나 많은 짜증나는 무거움, 빈약함, 축축함, 잠옷 가운이, 얼마나 많은 **맥주**가 독일의 지성 안에 들어 있는지! 최고의 정신적인 목표에 자신의 삶을 바치는 젊은이들이 정신의 일차적 본능, 즉 **정신의 자기보존 본능**에 대한 느낌을 상실한 채 맥주를 마신다는 것이 도대체 어떻게 가능할 수 있을까? 학식 있는 젊은이들의 알코올 중독은 어쩌면 그들의 학식이라는 목표와 관련해서 별다른 의문점이 아닐 수도 있다. 정신을 갖지 않고서도 심지어 위대한 학자가 될 수 있다. 그러나 알코올 중독은 다른 모든 면에서는 문제가 된다. 사람들은 맥주가 정신 안에서 만들어내는 그 은근한 퇴폐를 어디에서나 발견할 수 있을 테니 말이다!　『우상의 황혼』**142**

- - - -

사람들은 **술을 마시게 되면** 이미 다 극복된 문화 단계로 되돌아간다. 모든 음식은 우리를 **만들어낸** 과거에 대한 어떤 계시를 담고 있다.　『유고』(1881년 가을) **143**

- - - -

인류의 불행과 인류의 진보가 지체된 원인은 인류가 자양분이 되는 것들보다 자극하고 흥분시키는 것들을 더 높이 평가했다는 데 있다.　『유고』(1880년 여름) **144**

- - - -

자신의 감정을 의심하지 말라 ― "자신의 감정을 의심해서는 안 된다"는 여성적인 표현은 맛있는 것은 먹어야 한다는 그 이상을 의미하지는 않는다. 이것은 특히 절도 있는 본성을 가진 사람들에게는 하나의 좋은 생활규칙이 될 수도 있을 것이다. 그러나 그렇지 않은 본성을 가진 사람들은 다른 원칙에 따라 살아야 할 것이다. "너의 입의 군것질 버릇이 너를 파멸시키지 않도록 입으로만이 아니라 머리로도 먹어야 한다."　『인간적인 너무나 인간적인』 II **145**

- - - -

중개자로서의 감각 ― 참다운 중개자로서의 감각인 미각은 다른 감각들이 사물에 대한 자신의 견해를 가지도록 빈번히 다른 감각들을 설득해왔고, 다른 감각들에 자신의 법칙과 습관을 주입해왔다. 그래서 우리는 먹으면서 예술의 가장 섬세한 비밀에 대해 해명할 수 있다. 우리는 어떤 것이 맛있는지, 언제 맛있는지, 어떤 것을 한 후에 맛있는지, 그리고 얼마 동안 맛있는지에 대해 유념한다. 『인간적인 너무나 인간적인』 II **146**

- - - -

하나의 정신이 얼마만큼의 영양섭취를 필요로 하는지에 대한 공식은 없다. 하지만 만약 어떤 정신의 취향이 독립성을 지향한다면, 빠르게 오가는 것을 지향한다면, 가장 빠른 자만이 해낼 수 있을 만한 방랑과 모험을 지향한다면, 그 정신은 자유롭지 않게 배부르게 살기보다는 자유롭게 적은 음식으로 살기를 원할 것이다. 훌륭한 무용수가 음식에서 원하는 것은 비만이 아니라 최대의 유연함과 힘이다. 그리고 나는 철학자의 정신이 훌륭한 무용수가 되는 것 말고 무엇을 더 바라야 하는지 알지 못한다. 요컨대 춤이야말로 철학자의 이상이자 예술이다. 결국 그의 유일한 깊은 신앙이자 '예배'이기도 하다. 『즐거운 학문』 **147**

- - - -

이러한 모든 철학 ― 이러한 철학은 숙성된 열매, 효모를 넣지 않은 빵, 물, 고독, 모든 사물 안의 질서 등이 내 입맛에 최고로 잘 맞고 내게 가장 유익하다는 사실을 하나의 충동보다 더 많이 증명할 수 있을까? 우주 안에서의 올바른 식이요법에 대한 본능을? 온화한 태양만이 할 수 있는 일이다! 나는 음산하거나 무거운 숭고함이 아니라 많은 유쾌한 식물들과 꽃들이 자라나는 바닷가 바위 위에서 노니는 한 마리 나비의 참으로 고독한 도취 같은 나의 숭고함에 가까이 가고 있는가? 그것은 어떤 한낮의 삶일 것이고, 밤은 나의 허약한 날개에 너무 차갑다는 것을 염려하지는 않는가?

『유고』(1880년 말) **148**

- - - -

소포스(σοφος)는 간단히 통상적인 의미에서 '현자'라는 뜻은 아니다. 그 말은 어원학적으로 '맛보다(sapio)', '맛보는 자(sapiens)', '맛볼 수 있는(σαφής)'에 속한다. 우리는 예술에서의 '취미(Geschmack)'에 대해 말한다. 그리스인의 경우 취미의 형상은 훨씬 광범위하게 확장되어 있다. [⋯]

지혜(σοφια)는 선택하는 것, 취향에 따라 분리하는 것을 가리킨다. 그 반면에 학문(Wissenschaft)은 그러한 섬세한 취향 없이 모든 가능한 지식을 향해 내닫는다.　「강의록」(1871/1872년 겨울학기~1874/1875년 겨울학기) **149**

"
우리는 다시 가장 가까운 것의
좋은 이웃이 되어야 한다
"

일상의
풍요로움에
대하여

한편으로 니체는 운동, 장소, 기후, 영양섭취 등과 같은 우리 삶의 구체적인 조건을 다루는 일에 철학적 가치를 다시 부여하려고 애썼고, 몸, 영혼, 정신을 이것들의 다양한 상호작용이라는 관점에서 관찰할 것을 요구한 반면, 다른 한편으로는 종교, 형이상학, 철학적 관념론을 공격했다. 왜냐하면 이것들은 너무 오랫동안 우리에게 일상의 것들을 무시하라고 가르쳐왔고, 오직 '고귀한 것', 저편의 것, 최종의 진리를 다루는 일만이 우리의 지성에 어울리는 것이라고 믿게 만들었기 때문이다.

니체는 다음과 같이 덧붙여 말한다. 하지만 대체로 성직자, 교사, 철학자는 인간의 감정을 그릇된 길로 이끌고 가지는 못했다. 소박한 향유와 작은 근심과 함께하는 우리의 일상은 기본적으로 소중한 것으로 남아 있다. 그럼에도 우리는 때때로 우리의 일상성에 대해 낮게 평가하는 표현을 하기도 한다. 그리고 이것은 중대한 결과를 낳는다. 왜냐하면 수면, 식사, 거주, 날씨 등과 같은 삶의 중요한 영역을 진지하게 근본적으로 숙고하지 않고 게을리 하는 태만은 나쁜 결과를 초래하기 때문이다. 우리의 일상과 습관, 우리 삶의 기본 조건에 대해, 우리의 몸이나 환경과의 관계에서 일어나는 무수히 작은 그리고 반복되는 오류와 부주의에 대해 성찰하지 않거나 자기 자신에 대해 성찰하지 않는 것은 몸과 정신에 나타나는 거의 모든 문제의 원인이 된다.

그렇기 때문에 시급한 과제는 이 기회에 생각을 바꾸는 것이다. 그리고 이것은 사상가에게만 해당하는 것이 아니다. 누구든지 사소한 일과 습관에 대해 주의 깊게 호기심을 가지면서 생각하는 법을 새롭게 습득해야 할 것이다. 아이들에게 이러한 호기심에 찬 생각은 고유한 것이다. 단지 이러할 경우에만 우리는 다시 '가장 가까운 것의 좋은 이웃'이 될 수 있고, '에피쿠로스적인 풍부함'의 친구들이 될 수 있으며, 작은 정원에서 무화과와 치즈, 그리고 좋은 친구들과 함께 즐거운 시간을 보낼 수 있을 것이다.

사람들은 내가 일반적인 통념으로는 전혀 관심거리가 되지 못하는 이러한 사소한 사안들에 대해 왜 이야기했는지를 묻게 될 것이다. 내가 위대한 과제들을 제시하기로 운명지어져 있다면 이러한 사소한 이야기는 더욱 나 자신을 해치는 것은 아닌지 묻게 될 것이다. 그 대답은 이러하다. 이 사소한 사안들 — 영양섭취, 장소, 기후, 휴양, 자기욕망의 전체 결의론(決疑論) — 은 이제까지 중요하다고 여겨졌던 모든 것보다 비교할 수 없을 정도로 더 중요하다. 바로 여기서 사람들은 **생각을 바꾸**기 시작해야 한다. 인류가 이제까지 진지하게 숙고해온 것은 단지 상상에 불과한 것이고 결코 실재가 아니다. 엄밀히 말하면 그것은 병적인, 가장 심층적 의미에서 유해한 본성의 나쁜 본능들에서 비롯된 **거짓**이다. '신', '영혼', '덕', '죄', '피안', '진리', '영원한 삶' 등의 모든 개념이 그러하다. 하지만 사람들은 이것들 안에서 인간 본성의 위대함과 '신성함'을 찾았다. 정치나 사회 조직이나 교육 등의 모든 문제는 사람들이 가장 유해한 인간들을 위대한 인간들로 간주함으로써, '사소한' 사안들 — 말하자면 삶의 근본적인 사안들 — 자체를 경멸하라고 가르침으로써 그 토대에서부터 철두철미하게 기만되었다. 『이 사람을 보라』 **150**

- - - -

지금까지 가장 중요한 것으로 설교되어온 것과는 **다른 모든 것**이 우리와 더 가까이 있는 것임에 틀림없다. 나는 그중 가장 중요한 것은 다음과 같은 것이라고 생각한다. 무엇을 위해 인간은 존재하는가? 인간은 사후에 어떤 운명을 갖는가? 인간은 어떻게 신과 화해하는가? 이러한 기묘하기 짝이 없는 문제들이 그러한 것이다. 이러한 종교인의 문제와 마찬가지로 관념론자이건 유물론자이건 실재론자이건 간에 아무튼 철학적 독단론자들이 제기하는 문제는 우리와 무관하다. […] 우리는 다시 **가장 가까운 것의 좋은 이웃**이 되어야 한다. 그리고 지금까지 그래왔듯이 그것을 경멸하면서 저 건너편의 구름과 암혹의 괴물이 있는 쪽으로 눈길을 돌려서는 안 된다. 『인간적인 너무나 인간적인』 II **151**

- - - -

사람들은 의식의 표면 전체 — 의식은 표면이다 — 를 위대한 명령의 그 어떤 것으로부터도 벗어나 순수하게 유지해야 한다. 모든 위대한 말과 모든 위대한 태도마저 조심하라! 『이 사람을 보라』 **152**

- - - -

관용어와 현실 — 인간이 가장 중요하다고 여기는 모든 것, 즉 **가장 가까이 있는 모든 것**에는 실제로는 가식적인 경시(輕視)가 들어 있다. 예컨대 사람들이 "살기 위해 먹을 뿐이다"라고 말하는 것이 그것이다. 이것은 아이를 낳는 일이 모든 육체적 쾌락의 진정한 목표라고 말하는 것처럼 터무니없는 **거짓말**이다. 반대로 '가장 중요한 것들'에 대한 존중도 결코 거의 한 번도 완전히 순수했던 적이 없다. 성직자와 형이상학자는 우리로 하여금 이 분야에서 가식적이고 과장된 **언어의 관용적 사용**에 익숙하게 했지만, 가장 가까이에 있는 것이 경시받는 것처럼 가장 중요한 것들을 실제로는 중요하게 여기지 않는 감정으로 바꾸지는 못했다. 그러나 이러한 이중의 가식이 초래한 쓰라린 결과는 예컨대 사람들이 의, 식, 주, 교제 등과 같은 가장 가까이 있는 것을 계속 아무런 편견 없이 보편적 성찰과 개선의 대상으로 삼는 것이 아니라 품위를 떨어뜨리는 것으로 간주하여 그것에 대해 자신의 지성적 노력이나 예술적 노력을 쏟으려고 하지 않는 점이다. 그 결과 타성에 젖은 경솔함이 무분별한 사람들을, 특히 미숙한 청소년을 쉽사리 지배해버린다. 다른 한편으로 우리는 모두 몸과 정신의 가장 단순한 규율을 끊임없이 위반함으로써 늙었건 젊었건 간에 수치스러운 추종과 부자유로 나아가고 만다. 내가 여기서 말하려는 것은 오늘날에도 여전히 우리는 사회 전체에 압력을 가하는 의사, 교사, 성직자에게 기본적으로 지나치게 의존하고 있다는 점이다. 『인간적인 너무나 인간적인』 II 153

- - - -

현세의 무기력함과 주요 원인 ─ 주위를 살펴보면, 평생 달걀을 먹었다면서도 갸름한 달걀이 가장 맛있다는 것을 알지 못하는 사람들, 악천후가 아랫배에 효력이 있다는 것, 향기는 서늘하고 맑은 대기 중에서 가장 강하게 퍼진다는 것, 우리의 미각은 입 안의 부위에 따라 다르다는 것, 식사하면서 많이 떠들거나 많이 듣는 것은 위에 좋지 않다는 것을 깨닫지 못한 사람들을 항상 마주치게 된다. 관찰력의 결여를 나타내는 이러한 사례를 드는 것만으로는 부족하다면, **가장 가까이 있는 것들**이 대다수 사람들에 의해 매우 잘

못 관찰되고 있으며 거의 관찰되고 있지도 않다는 사실을 살펴보아야 할 것이다. 이것이 중요하지 않은 일이란 말인가? 거의 모든 개인이 느끼는 **심신의 무기력함**은 이러한 결여에서 비롯된다는 사실을 잘 생각해보라. 생활방식의 조정, 일과의 할당, 교제의 시간과 선택, 직업과 여가, 명령과 복종, 자연과 예술에 대한 감각, 음식, 수면, 사색 가운데서 무엇이 우리에게 유익한 것이고 무엇이 우리에게 해로운 것인지를 알지 못한다. **가장 사소하고 일상적인 것에 무지하고**, 날카로운 안목을 갖고 있지 않다는 것이 바로 많은 사람에게 이 땅이 '불행의 들판'이 되는 이유다. 다른 곳에서와 마찬가지로 여기서도 문제는 인간의 **비이성**에 있다고 말하지 말라. 오히려 이성은 충분하고도 넘칠 지경이지만, 잘못된 방향으로 돌려져 사소하고 가장 가까이 있는 것들에서 **인위적으로 벗어나 있다**. 성직자와 교사 — 그리고 조잡하건 섬세하건 간에 온갖 부류의 이상주의자의 고상한 지배욕 — 는 중요한 것은 전혀 다른 어떤 것이라고 벌써 어린아이들을 설득한다. 영혼의 구원, 국가에 대한 봉사, 학문의 발전, 또는 전 인류에 봉사하기 위한 수단으로서의 명성과 재산이 중요하다고 말이다. 그 반면에 개인의 욕구나 24시간의 생활에서 등장하는 크고 작은 필요 등은 경멸스러운 것이거나 중요하지 않다는 것이다. 『인간적인 너무나 인간적인』 II **154**

- - - -

근원과 의미 — 다음과 같은 생각이 자꾸 되풀이해서 나에게 일어나고, 점점 더 다채로운 색채로 빛나는 것은 어째서일까? 그 생각은, 예전의 학자들은 사물의 근원으로 향하는 과정에서 자신들이 모든 행위와 판단에서 헤아릴 수 없이 중요한 의미를 발견했다고 항상 생각했다는 것, 그뿐만 아니라 인간의 구원은 **사물의 근원을 통찰**하는 데 반드시 의존한다고 언제나 전제했다는 것, 이에 반해 현재 우리가 근원을 좇을수록 그만큼 우리의 관심이 더 줄어든다는 것, 그뿐만 아니라 우리가 인식과 함께 사물 자체에 다시 다가갈수록 그만큼 우리가 사물 속에 집어넣은 모든 가치 평가와 '관심'이 그 의미를 더욱 상실하기 시작한다는 것이다. **근원에 대한 통찰과 함께 근원의 무의미성이 증가한다.** 이에 반해 **가장 가까이 있는 것**, 즉 우리 주변의 것과 우리 내부의 것은 의미의 색채와 아름다움과 수수께끼와 풍요로움을 점차로 드러내기 시작한다. 이것은 예전의 사람들은 꿈에도 상상하지 못했던 일이다. 『아침놀』 **155**

- - - - -

만족한다는 것 ― 지성이 성숙의 경지에 이르렀다는 것은 이제 더 이상 인식의 가장 뾰족한 가시덤불 아래에 진기한 꽃이 피어 있는 곳으로 가지 않고, 그 대신에 이러한 진기한 것과 특이한 것을 위해 살기에는 인생이 너무나 짧다는 생각에서 뜰이나 숲, 초원이나 밭에 만족한다는 점에서 나타난다. 『인간적인 너무나 인간적인』 II **156**

- - - - -

작아질 수 있다는 것 ― 우리는 꽃과 풀과 나비와도 가까이해야 한다. 마치 그것들보다 더 많이 크지 않은 어린아이처럼 말이다. 그에 반해 우리 성인은 너무 커버려서 그것들에로 몸을 낮춰야 한다. [···] **모든** 선한 일에 관여하고 싶은 사람이라면 때로는 작아질 수도 있는 법을 알아야 한다. 『인간적인 너무나 인간적인』 II **157**

- - - -

삶과 체험 — 개인들이 자신의 체험 — 하찮고도 평범한 체험 — 을 매년 세 번씩 열매를 맺는 경작지가 되도록 하기 위해 어떤 식으로 그 체험을 다루는지를 보라. 반면에 다른 사람들 — 그런 사람들이 얼마나 많은가! — 은 강하게 요동치는 운명과 너무도 다양한 시대와 민족이라는 강물의 큰 파도에 밀려다니며 코르크처럼 언제나 가볍게 수면 위에 떠 있는 것도 보라. 그러면 사람들은 마침내 적은 것에서 많은 것을 만들어낼 줄 아는 소수(극소수)의 사람과 많은 것에서 적은 것을 만들어낼 줄 아는 다수의 사람으로 인류를 구분하고 싶을 것이다. 그뿐만 아니라 사람들은 무에서 세계를 창조하는 것이 아니라 세계에서 무를 창조하는 저 전도된 마법사들을 마주치게 될 것이다. 『인간적인 너무나 인간적인』 I **158**

- - - -

사치의 철학자 — 한 개의 작은 뜰, 무화과나무, 작은 치즈 조각, 그리고 여기에다 서너 명의 좋은 친구들. 이것이 에피쿠로스의 사치였다. 『인간적인 너무나 인간적인』 II **159**

- - - -

예술가는 교육에서 **일상적인 것**과 영속적인 것을 강조한다. 그 목표는 별로 높지 않을 수 있지만, 그 수단은 전혀 단순하지 않을 수 있다. 말하는 것, 걷는 것, 보는 것 말이다. 『유고』(1870/1871년 겨울~1872년 가을) **160**

- - - - -

회복이 한 단계 더 진행되면, 자유정신은 또다시 삶에 가까이 다가간다. 물론 천천히, 거의 반항적으로, 거의 의심스러워하면서 말이다. 그의 주위는 다시 점점 따뜻해져 흡사 노란빛을 띠게 된다. 감정과 동감은 깊어지고, 얼음을 녹이는 듯한 온갖 바람이 그 위로 지나간다. 그는 이제야 비로소 **주위**에 대해 처음으로 눈을 뜨기라도 한 것 같은 기분이 들기 시작한다. 그는 놀란 채 조용히 앉아 있다. 도대체 그는 어디에 **있었던가?** 이 친근하고 가장 가까운 사물들이 그에겐 얼마나 달라 보이는가! 그사이에 이 사물들은 어떤 부드러운 솜털과 어떤 마법 같은 매력을 지니게 되었는가! 그는 감사하는 마음으로 뒤를 돌아본다. 그는 자신의 방랑과 고집, 자기소외, 자신이 차가운 하늘을 새처럼 날며 멀리 보았던 것에 감사한다. 그가 심약하고 우둔한 게으름뱅이처럼 언제나 '집에', '자신 안에' 머물러 있지 않았던 것은 얼마나 잘한 일인가! 그는 **자신을 잊고** 있었다. 그것은 의심의 여지가 없다. 그는 이제야 비로소 자기 자신을 바라본다. 그때 그는 거기서 얼마나 놀라운 일을 발견하는가! 미증유의 전율! 피로와 오랜 병석, 그리고 회복 중이던 병이 재발했음에도 여전히 느끼는 이 행복! 고통에 싸여 조용히 앉아 인내

심을 키우면서 햇빛 아래 누워 있는 것이 그에겐 얼마나 마음에 드는 일인가! 누가 그만큼 겨울의 행복과 벽에 드리워진 햇빛의 얼룩을 잘 알 수 있단 말인가! 삶을 향하여 다시 절반쯤 몸을 돌린 이 회복기에 있는 자야말로, 아니 이 도마뱀이야말로 세상에서 가장 감사하는 마음을 지닌 동물이자 가장 겸손한 동물이다. 그들 중에는 질질 끌리는 옷자락에다 작은 찬송가를 달고 다니지 않으면 하루도 못 견디는 자도 있다. 『인간적인 너무나 인간적인』 | **161**

8

"
이것은 이제 나의 길이다.
너희의 길은 어디에 있는가?
"

자신의
고유한 길을
찾는 것

철학을 '모든 것에 대한 개인적 식이요법'으로 기획하는 것은 자신의 고유한 개인성을 규정하는 일을 전제한다. 니체에 따르면 이것이야말로 모든 개인의 가장 중요한 과제다. 하지만 이러한 규정은 분석적으로만 이루어지는 것이 아니다. 마치 우리가 자신의 고유한 것을 자기 안에서 이미 발견할 수 있고 그것을 인식하기만 하면 되는 것처럼 말이다. 니체는 우리가 고유성을 갖게 되는 것은 지속적인 자기 형성이라는 창조적 활동을 통해서라고 말한다. 창조적 활동은 많은 용기와 저항력을 요구한다. 왜냐하면 이 활동은 순응하라는 수많은 압력에 맞서서 자신을 주장해야 하기 때문이다. 누구든지 자신의 삶에 대해 스스로 책임을 지고 싶어 한다면, 즉시 수많은 순응 압력을 감지하게 될 것이다.

하지만 너무 많은 사람이 자신의 게으름과 비겁함에 굴복한다. 마침내 그들은 철저하게 교육되어온 삶의 표준과 가치 표상의 근거에 대해 묻는 것을 단념하고, 예컨대 직업 같은 사회적 역할에 자신을 숨긴다. 이것은 어떤 가면 뒤로 숨는 것과 같다. 그러나 시간이 지나면 고유한 얼굴, 즉 고유한 본성으로 나타날 것이다.

사람들은 언젠가 이기주의자(Egoist)가 되어야겠다고 마음을 먹으면, 그 즉시 자신에게 주어진 표준적인 요구에서 벗어나려는 경향을 보인다. 니체가 사용한 '이기주의'라는 말은 자신의 '자기'를 탐구하거나 더 좋게 형성하기 위해 결심한 사람을 뜻한다. 이기주의자는 자신이 세계 안에 반복될 수 없는, 그렇기 때문에 소중하고 유일한 것으로 존재한다는 것을 깨닫고, 이러한 깨달음으로부터 자신에게 책임을 부여한다. 그는 이제까지 자신의 삶의 조건을 자기 자신이 원한 것인지 아니면 타자에 의해 정해진 것인지의 관점에서 끈기 있게 검토하고, 자신의 진정한 욕구를 숙고하며, 그것들로부터 자신의 행위를 이끌어간다.

　이러한 길을 걸어가기 위한 노력은 수없이 많다. 그 길은 이정표 없이 가야 할 길이고, 게다가 자신의 고유한 길을 가는 데 충분한 용기나 힘을 갖고 있지 못한 모든 사람으로부터는 저항을 유발할 것이다. 또한 그것은 고독한 길이기도 하다. 그러한 결과로 얻는 과실을 즐기길 원한다면 오랫동안 인내심을 갖고 기다릴 수 있어야 할 것이다.

농담으로 말할 생각이 아니라면, '세계'는 무엇을 위해 존재하는지, '인류'는 무엇을 위해 존재하는지에 대해 당분간 신경 쓰지 않는 것이 좋다. 왜냐하면 인간이라는 작은 벌레의 오만함은 지상이라는 무대 위에서 가장 익살스럽고 가장 유쾌한 것이기 때문이다. 그러나 그대는 개인적으로 무엇을 위해 존재하는지에 대해서는 자신에게 물어보라. 그리고 어느 누구도 그대에게 말해줄 수 없다면, 그대 자신이 하나의 목적, 하나의 목표, 하나의 '그것을 위해', 하나의 높고 고귀한 '그것을 위해'를 설정함으로써 이를테면 그대의 삶의 의미를 경험적으로 정당화하는 것을 시도해보라.

「역사의 유익함과 해로움에 대하여」 **162**

- - - - -

만약 '세계사'에 대해 말하는 것이 그리 허무맹랑한 것이 아니라면, 모든 것은 무척 아름다울 것이다. 어떤 세계의 목적이 있다고 가정할지라도 그것을 아는 것은 불가능할 것이다. 왜냐하면 우리는 세계의 지배자가 아니라 딱정벌레에 불과하기 때문이다. 국가, 민족, 인류, 세계사 과정 같은 추상화된 보편 개념에 대한 모든 신격화는 개인의 무거운 짐을 작게 만들어서 개인의 책임을 약화시키는 단점이 있다. 국가가 중요한 문제가 된다면, 개인은 별로 중요하지 않게 된다. 모든 전쟁이 보여주는 것처럼 말이다. 도덕적인 표현을 사용하면, 인간 자신이 자신의 생존을 위한 그 어떤 수단보다 더 본질적이고 더 가치 있다는 믿음을 인간으로부터 **빼앗**

는 자는 인간을 나쁘게 만들 것이다. 추상적 이론은 인간의 창조물이고 그의 생존 수단이다. 추상적 이론은 그 이외에는 아무것도 아니고, 인간의 주인이 아니다.　『유고』(1873년 여름~가을) **163**

- - - -

금욕주의자 역시 여러 관점에서 볼 때 자신의 삶을 편안하게 만들려고 노력한다. 말하자면 그도 흔히 낯선 의지나 광범위한 규범과 의식에 완전히 복종함으로써 자신의 삶을 편안하게 만들려고 한다. […] 이러한 복종은 자기 지배를 위한 강력한 수단이 된다. 사람들은 몰두하고 있으면 지루함을 느끼지 않게 되고, 자기 의지와 정열의 자극도 받지 않게 된다. 행동을 완수한 후에도 책임감이 없고, 따라서 후회의 고통도 없다. 인간이 자기 의지를 단번에 완전히 포기하는 것은 때때로 경우에 따라 자기 의지를 포기하는 것보다 훨씬 더 쉬운 일이다. 어떤 욕망을 완전히 포기하는 것이 욕망에서 절도를 지키는 것보다 훨씬 더 쉬운 일인 것과 마찬가지다. 만약 국가에 대한 국민의 현재적인 입장을 생각해보면, 여기에서도 무조건적인 복종이 조건적인 복종보다 훨씬 더 편한 것임을 알 수 있다. […] 어쨌든 자신의 개성을 아무런 흔들림 없이 명확하게 관철시키는 것은 이미 언급한 방법으로 개성에서 벗어나는 것보다 훨씬 더 어려운 일이다. 더욱이 그것은 더 많은 정신력과 사유를 필요로 한다.　『인간적인 너무나 인간적인』 I **164**

- - - -

신앙의 기원 ─ 속박된 정신은 자신의 입장을 어떤 근거가 있어서 받아들이는 것이 아니라 습관적으로 받아들인다. 예컨대 그가 그리스도교도가 된 것은 여러 종교에 대해 통찰하고 그것들 중에서 선택했기 때문이 아니다. 그가 영국인이 된 것은 스스로 결정한 것이 아니라 그리스도교와 영국 국적이 이미 주어져 있었고 그것을 아무런 근거 없이 받아들였기 때문이다. [⋯] 그는 아마도 그리스도교도와 영국인이 된 다음에 자신의 습관에 따라 몇몇 근거를 발견했을 것이다. 만약 사람들이 이러한 근거들을 뒤엎는다 하더라도 그것으로써 그의 입장 전체를 뒤엎지는 못할 것이다. [⋯] 우리는 아무런 근거도 없이 정신적 원칙에 익숙해지는 것을 '신앙'이라고 부른다. 『인간적인 너무나 인간적인』 | **165**

─ ─ ─ ─

그대들을 되돌아오게 하는 이유가 향수병이 아니라 엄밀한 **비교**에 근거를 둔 **판단**이라면, 그대들의 귀향은 중요하다! 미래의 인간은 언젠가 과거의 모든 가치를 평가할 때 이러한 방식으로 할 것이다. 그들은 이러한 가치평가를 자발적인 의지로 다시 한번 **철저하게 체험해야** 한다. 마찬가지로 가치평가의 반대되는 것 역시 철저하게 체험해야 한다. 왜냐하면 마침내 그것들을 체로 쳐서 떨어뜨릴 **권리**를 갖기 위해서다. 『아침놀』 **166**

─ ─ ─ ─

강하고 좋은 성격 ─ 우리가 강한 습관이라고 부르는 것은 습관에 의해 본능이 되어버린 속박된 의견에서 만들어진다. 만약 어떤 사람이 몇몇 동기에서, 그러나 항상 같은 동기에서 행동하면 그의 행동은 커다란 활력을 얻는다. 이러한 행동이 속박된 정신의 원칙과 합치하게 되면, 그 행동은 승인을 받게 된다. 아울러 그러한 행위를 하는 사람에게는 선한 양심이라는 감각이 형성된다. 몇 가지 동기, 활력 있는 행동, 선한 양심이 강한 성격이라고 일컫는 것을 만든다. 강한 성격에는 행위의 수많은 가능성과 방향에 대한 지식이 결여되어 있다. 그의 지성은 자유롭지 못하고 속박되어 있다. 왜냐하면 그의 지성은 주어진 어떤 상황에서 아마도 두 개의 가능성 정도만을 보여줄 것이기 때문이다. 그는 이 두 개의 가능성 중에서 당연히 자신의 전체 본성에 따라 어떤 것을 선택할 것이다. 그리고 그는 이것을 쉽고 빠르게 선택할 것이다. 왜냐하면 그는 오십 개의 가능성 중에서 선택할 필요가 없기 때문이다. 『인간적인 너무나 인간적인』 I **167**

- - - -

광신은 성격과 취향을 해치고, 마침내 건강마저 해친다. 이 세 가지를 근본적으로 다시 재건하려는 사람은 오랜 기간의 요양을 각오해야 할 것이다. 『유고』(1880년 봄) **168**

- - - -

광신은 약자들과 불안한 자들도 '의지의 강화'에 이를 수 있게 해주는 유일한 것이었다. [⋯] 그 반대로는 자기규정의 기쁨과 힘을 생각해볼 수 있을 것이다. 어떤 하나의 정신이 확실성을 요구하는 것에서 벗어나 있는 그대로의 자기 자신을 잘 훈련시켜 가벼운 밧줄과 가능성 위에서도 몸을 바로 세울 수 있고, 심지어는 드리워진 심연 위에서 춤출 수 있는 의지의 **자유** 말이다. 그러한 정신이야말로 진실로 **자유정신**일 것이다.　『즐거운 학문』**169**

- - - -

　윤리란 어떤 종류의 풍습이든지 간에 풍습에 대한 복종 이외에 아무것도 아니다(결코 그 이상의 것이 아니다). 그리고 풍습은 **관습적인** 행위와 평가 방식이다. 관습의 명령이 전혀 없는 사물들에는 윤리도 전혀 없다. 그리고 삶이 관습에 의해 규정되는 일이 적을수록 그만큼 윤리의 범위는 더 작아진다. 자유로운 인간은 모든 점에서 자기 자신에게 의존하고 관습에 의존하지 않기를 바라기 때문에 비윤리적이다. 인류의 모든 근원적 상태에서 '악하다'는 것은 '개인주의적', '자유로운', '자의적인', '길들여지지 않은', '예측되지 않는', '예측이 불가능한'이라는 정도의 것을 의미한다. [⋯] 어떤 개인적 행위도, 어떤 개인적 생각도 전율을 일으킨다. 다른 사람보다 비범하고 특별하고 독창적인 정신의 소유자들은 역사의 전 과정 속에서 언제나 악하고 위험한 사람들로 여겨졌다. 그뿐 아니라 **그들 역시 자기 자신을 그렇게 여겼다.** 이로 인해 그들은 틀림없이 헤아릴 수 없을 정도의 고통을 겪었을 것이다. 풍습의 윤리가 지배하는 상황에서는 어떤 종류의 독창적인 정신도 양심의 가책을 느낄 수밖에 없다.　『아침놀』**170**

- - - -

'진리'를 위해 죽는다는 것 ─ 우리는 우리 자신의 의견을 위해 화형당하려고 하지는 않을 것이다. 그만큼 우리는 자신의 의견을 확신하고 있지 않다. 그러나 우리는 자신의 의견을 가질 자격을 위해서나 자신의 의견을 바꿀 자격을 위해서는 아마도 그렇게 할 것이다. 『인간적인 너무나 인간적인』 II 171

- - - -

활동적인 사람은 어느 정도까지 게으른가 ─ 나는 어떤 일에 대해서든 여러 의견이 가능한 경우에는 누구나 자신의 의견을 가지고 있어야 한다고 믿는다. 왜냐하면 개인은 저마다 다른 모든 것에 대해 어떤 새롭고도 한 번도 존재하지 않았던 입장을 갖는 유일하고 일회적인 존재이기 때문이다. 그러나 활동적인 사람의 영혼 안에 있는 근본적인 게으름은 자신의 고유한 샘에서 물을 긷지 못하도록 방해한다. 『인간적인 너무나 인간적인』 I 172

- - - -

자신의 의견 ─ 어떤 사안에 대해 갑작스럽게 질문을 받는다면, 우리에게 떠오르는 최초의 의견은 흔히 자신의 것이 아니라 자신의 계급이나 지위나 혈통에 속하는 통상적인 의견일 뿐이다. 자기 자신의 의견이 표면 위로 떠오르는 경우는 드물다. 『인간적인 너무나 인간적인』 I 173

- - - - -

사교 모임이 끝난 뒤에 느끼는 양심의 꺼림칙함 ― 왜 우리는 통상적인 사교 모임이 끝난 뒤에 양심의 꺼림칙함을 느끼게 되는 것일까? 그것은 우리가 중요한 문제를 가볍게 다루었기 때문이거나, 인물들에 대해 이야기할 때 충분하리만큼 진실하지 못했기 때문이거나, 말해야 할 때 침묵했기 때문이거나, 적당한 때 일어나 나와버리지 않았기 때문이다. 간단히 말해, 우리가 마치 그 사교 모임에 속해 있는 일원인 것처럼 행동했기 때문이다. 『인간적인 너무나 인간적인』 | **174**

- - - - -

작은 일탈(逸脫)의 행위들이 필요하다! ― 풍습의 여러 사안과 관련해 자신의 좀 더 훌륭한 통찰에 **반하여** 행동하는 것, 정신적인 자유는 보존하면서도 실천에서는 관습에 굴복하는 것, 마치 우리의 의견이 궤도에서 벗어나고 있다는 것을 변상하기라도 하듯이 모든 사람과 똑같은 방식을 취하고 그럼으로써 모든 사람에게 점잖게 행동하고 친절을 다하는 것은 제법 자유롭게 생각하는 많은 사람이 볼 때는 위험하지 않을 뿐만 아니라 '존경할 만한 것', '인간적인 것', '관용적인 것', '세세한 일에 얽매이지 않는 것'이다. 이런 말들이 아름답게 들리든 어떻게 들리든지 간에 이 말들은 지성적인 양심을 노래로써 잠들게 한다. 그래서 어떤 사람은 그리스도교 세례를 받기 위해 자식을 데려가면서도 자신은 무신론자이고, 또 어떤 사람은 민족 간의 증오를 극렬히 비난하면서도 세상 모든 사람과 똑같이 병역의 의무를 다한다. 또 다른 어떤 사람은 여성과 함께 교회로 가는데, 왜냐하면 그 여성이 신앙심이 깊은 친척을 갖고 있기 때문이다. 그리고 그는 조금도 부끄러워하지 않으면서 성직자 앞에서 이렇게 서약한다. "모든 사람이 언제나 하고 있고 언제나 해온 것을 우리 같은 사람도 한다고 해서 그것이 뭐 그리 중요한 것은 아니다." 하지만 거친 **편견**은 이렇게 말한다! 그것은 **큰** 잘못이다! 왜냐하면 이미 강력한 것, 오래전부터 전승된 것, 불합리하다고 인정된 것이 어떤 합리적으로 인정된 행위에 의해 다시 한번 인정된다면, 이보다 더 중요한 것은 없기 때문이다. 그러한 인정에 대한 이야기를 듣는 모든 사람은 그 모든 것이 그야말로 이성에 의해 재가를 받은 것이라고 여기게 된다! 그대 자신들의 의견을 존중하라! 그리고 **작은 일탈의 행위들**이 더 가치가 있다! 『아침놀』**175**

- - - -

　우리는 어느 순간에 문득 다음과 같은 모든 것을 알게 된다. 우리 삶의 다양하고 광범위한 시설들은 우리 자신의 진정한 과제를 회피하도록 하기 위해 만들어졌다는 것, 마치 거기라면 수백 개의 눈을 가진 우리의 양심도 우리를 재빨리 알아챌 수 없을 것처럼 어디든 상관없이 우리는 머리를 숨기고 싶어 한다는 것, 마치 이제 더 이상 자기 마음을 소유하길 바라지 않는 것처럼 우리는 국가, 돈벌이, 사교, 학문에 서둘러서 마음을 바친다는 것, 생각하지 않는 것이 더욱 바람직하다고 생각되기 때문에 우리는 사는 데 필요한 것 이상으로 하루하루의 힘든 노동에 열정적으로 정신없이 종사하고 있다는 것을 말이다. 『교육자로서의 쇼펜하우어』 **176**

- - - -

직업의 가치 — 직업은 우리를 깊이 생각할 수 없게 만든다. 바로 이 점이 직업의 가장 큰 축복이다. 왜냐하면 일반적인 회의와 염려가 우리를 엄습할 때 마음대로 그 뒤로 숨어버릴 수 있는 방벽이기 때문이다. 『인간적인 너무나 인간적인』Ⅰ **177**

- - - -

활동적인 사람들의 주요 결점 — 활동적인 사람들에게는 흔히 고급 활동이 결여되어 있다. 개인적인 활동 말이다. 그들은 관리나 상인이나 학자로서, 말하자면 유적(類的) 존재로서는 활동적이지만 특정한 한 개인 또는 유일한 인간으로서는 활동적이지 않다. 이러한 관점에서 볼 때 그들은 게으르다. [⋯] 하루 중 3분의 2를 자신을 위해 쓰지 못하는 사람은 노예다. 이 점을 제외하면 그는 자신이 원하는 사람이다. 즉, 정치가나 상인이나 관리나 학자로서 말이다. 『인간적인 너무나 인간적인』Ⅰ **178**

- - - -

유럽은 어느 정도까지 점점 더 '예술적'이 될 것인가 — 생계의 문제가 오늘날에도 여전히 — 실로 그토록 많은 것이 강제력을 상실한 이런 과도기적인 시대에도 — 거의 모든 유럽의 남성에게 일정한 역할, 이른바 직업을 강요하고 있다. 소수의 사람들은 외관상의 자유일지라도 이러한 역할을 감당하면서 자신이 선택하는 자유를 누리고 있지만, 대다수의 사람들에게 이 역할은 강요되는 선택일 것이다. 그 결과는 정말 이상하다. 거의 모든 유럽인은 나이를 먹어가면서 자기와 자기 역할을 혼동하고 있다. 그들은 자신들이 수행하고 있는 '좋은 역할'의 희생자가 되고 있다. 그들이 직업을 결정했을 때 얼마나 많은 우연과 기분과 변덕이 그들을 움직였는지를 잊고 있다. 또한 그들은 매우 많은 다른 역할을 연기**할 수도** 있었을 것이라는 점을 잊고 있다. 말하자면 이제는 너무 늦었다! 자세히 살펴보면, 실제로 역할로부터 성격이 **만들어지고**, 예술로부터 천성이 만들어진다. 『즐거운 학문』 **179**

- - - -

관직은 좋은 것이다. 사람들은 자신과 다른 사람들 사이에 관직을 둠으로써 평안하고 교활한 은신처를 마련한다. 누구나 자신이 기대하는 것과 자신의 권리라고 생각하는 것을 행사할 수 있고 말할 수 있다. 마찬가지로 조기의 명성 역시 유용하다. 우리의 고유한 자기가 명성의 배후에서 — 들리지는 않지만 — 자기 자신과 다시 자유롭게 놀이를 하고 자신에 대해 웃을 수 있다고 가정한다면 말이다. 『유고』(1880년 말) **180**

- - - -

매일매일의 역사 — 그대에게는 무엇이 매일매일의 역사인가? 그것을 구성하고 있는 그대의 습관을 보라! 그대의 습관은 셀 수 없을 만큼의 작은 비겁과 게으름의 산물인가? 아니면 용기와 창조적인 이성의 산물인가? 이 둘은 매우 다르다. 사람들은 그대에게 똑같은 칭찬을 보내줄 수도 있고, 여하튼 그대가 사람들에게 사실상 똑같은 이익을 가져다줄 수도 있다. 그러나 칭찬과 이익, 존경은 단지 양심의 만족을 구하는 사람들에게만 충분한 것이다. 그것은 신장을 검사해서 알려는 그대, 즉 **양심마저 과학의 대상으로** 삼으려는 그대에게는 충분하지 못할 것이다. 『즐거운 학문』**181**

- - - -

진리에 관한 가장 개인적인 물음들 ― "내가 하고 있는 것은 도대체 무엇일까? 그리고 내가 그것을 통해 원하는 것은 도대체 무엇일까?" 이것은 현재 우리의 교육 제도에서는 가르칠 수 없고, 그렇기 때문에 묻지도 않는 물음이지만 참된 물음이다. 이러한 질문을 하기 위한 시간이 없다. 『아침놀』**182**

- - - -

모든 행위와 모든 사고, 그리고 모든 감동은 너의 미래에 행운과 불행을 만든다. 그것들은 너의 마음과 습관을 만든다. 어떤 것도 아무래도 좋은 것은 없다. 너의 당연한 분별함은 속죄해야 할 것이다. 『유고』(1880년 봄) **183**

- - - -

"너의 이기심은 네 삶의 재앙이다." 이 설교는 수천 년 동안 크게 울려 퍼졌다. 재차 말하지만, 그것은 이기심에 해를 입혔고 수많은 정신, 수많은 명랑함, 수많은 창의력, 수많은 아름다움을 이기심으로부터 빼앗아갔다. 그것은 이기심을 어리석은 것, 추한 것, 독이 있는 것으로 만들었다! 『즐거운 학문』**184**

- - - -

사이비 이기주의 ─ 대다수 사람들은 자신의 '이기주의'에 대해 어떤 것을 생각하거나 말하고 있지만, 평생 동안 자기를 위해서는 아무것도 하지 않고 오직 자기의 환영만을 위해 일한다. 이러한 자기의 환영은 주위 사람들의 머릿속에서 그들에 관해 형성되어 그들에게 전해진 것이다. 그 결과 그들 전부는 비개인적이거나 반쪽만 개인적인 의견의 안개 속에서 자의적인, 말하자면 허구적인 가치관의 안개 속에서 함께 지내고 있다. 어떤 사람은 언제나 다른 사람의 머릿속에 살고, 또 이 머리는 다시 다른 사람의 머릿속에 사는 식이다. 그것은 기묘한 환영의 세계임과 동시에 매우 냉정한 겉모습을 보여줄 줄 안다! [⋯] 이 모든 것이 가능한 것은 대다수 사람 중 어느 누구도 보통 색이 바래 있는 허구에 맞서 자신이 접근하거나 규명할 수 있는 진정한 자기를 대립시킬 수 없고, 그래서 그 허구를 제거할 수 없기 때문이다. 『아침놀』**185**

- - - -

우리는 다른 사람이 자신을 있는 그대로 알아주기를 원한다기보다는 가능한 한 좋게 생각해주기를 원한다. 말하자면 타인이 우리를 착각하기를 원한다. 바꿔 말하면 우리 자신의 유일성에 대해 자부심을 느끼지 않는다는 것이다. 『유고』(1880년 봄) **186**

- - - -

많은 사람에게 나타나는 발육 부진의 원인은 언제나 타인의 머리로 자신의 존재를 생각했다는 데 있다. 말하자면 타인의 영향에 대해서는 진지하게 받아들이지만, 활동하는 그것, 즉 자기 자신에 대해서는 진지하게 받아들이지 않는다는 데 있다. 그리고 우리의 활동은 영향을 미치는 어떤 것에 의존하고 있으며 우리 마음대로 할 수 있는 것이 아니다. 그래서 그렇게 많은 불안과 불만이 있다. 『유고』(1880년 봄) **187**

- - - -

이기주의는 **여전히** 끝도 없이 약하다! [···]

다음과 같은 질문을 철저하게 검토하는 사람이 얼마나 드물지 한번 생각해보라. 너는 **왜** 여기에 살고 있는가? 너는 **왜** 그 사람과 가까이 지내는가? 너는 어떻게 해서 이 종교를 믿게 되었는가? 이런저런 식이요법이 너에게 어떤 영향을 미치는가? 이 집은 너를 위해 지어진 것인가? 등. 우리 스스로 **자기 자신을 확고하게 규정하는 일**은 지극히 드물다. **자기 자신을 알고 있다는 선입견**, 자기 자신은 지속적인 반응을 잠시도 **게을리 하지 않는다는** 선입견이 만연해 있다. 그러나 **이 문제와 관련해서는** 어떤 노동이나 지성도 거의 아무 소용이 없다. 마치 우리가 자기인식과 관련해서 연구보다 직관을 더 높게 평가하는 것처럼 말이다! 『유고』(1881년 봄~가을) **188**

- - - -

　그리스인은 서서히 **혼돈을 조직하는 법**을 배워나갔다. 그들은 […] 자신에게 되돌아가 자신의 진정한 욕구를 자각하고 표면적 욕구를 사멸시킴으로써 그렇게 할 수 있었다. 그렇게 그들은 다시 자신을 소유했다. […] 이것은 우리 각자를 위한 비유다. 각자는 자신의 진정한 요구가 무엇인지를 되새겨봄으로써 자신 안의 카오스를 조직해야 한다. 각자의 정직성과 힘차고 진실한 성격은 단순히 흉내 내어 말하고, 추종하면서 배우고, 모방만 하는 것에 맞서 언젠가는 반드시 반항할 것이다. 「역사의 유익함과 해로움에 대하여」 **189**

- - - -

　수많은 나라와 민족, 그리고 여러 대륙을 돌아다녀본 여행자에게 어디에서나 발견할 수 있는 인간의 성질은 무엇이었는지를 물었다. 그는 인간이 게으름의 성향을 갖고 있다고 대답했다. 그가 인간은 모두 겁이 많았다고 대답했다면, 많은 사람들이 더 정확하게 맞는 말이었을 것이라고 생각했을지 모른다. 인간은 누구나 풍습과 의견 뒤에 자신을 숨긴다. 기본적으로는 누구나 자신이 유일한 존재로 세상에 존재하고 있다는 사실을 잘 알고 있다. […] 그는 분명히 그것을 알고 있지만, 양심의 가책을 느끼기라도 하는 것처럼 그것을 숨긴다. 왜냐하면 이웃에 대한 두려움 때문이다. 이웃은 관습을 요구하고 관습을 통해 자기 자신을 은폐한다. 그러면 이웃을 두려워할 것, 가축 무리처럼 생각하고 행동할 것, 자기 자신에게 기쁨을 주지 말 것을 개개인에게 강요한 것은 무엇일까? 소수의 몇몇 사람은 아마도 부끄러워할 것이다. 대다수 사람들의 경우 그것은 편안함이고, 타성이며, 요컨대 여행자가 말한 '게으름'이라는 성향이다. 여행자의 답은 옳았다. 사람들은 겁도 많지만 그보다 더 많이 게으르다. 사람들은 자신에게 강요될지도 모를 무조건적인 정직과 진실이라는 무거운 부담을 정말 무엇보다 두려워한다. 오직 예술가만이 [⋯] '모든 인간은 유일한 기적'이라는 비밀을 폭로한다. 예술가가 우리에게 알려주려고 애쓰는 것은 모든 인간은 근육의 움직임 하나하나까지 그 자신이며, 단독으로 존재한다는 사실이다. 그리고 예술가는 모든 인간이 아름답고 주목받을 만한 것은 그가 가진 유일성의 필연적인 결과라는 것, 자연의 모든 작품처럼 새롭고 믿어지지 않을 만큼 대단하다는 것, 결코 지루하지 않다는 것을 보여주려 한다. [⋯]

대중에게 속하고 싶어 하지 않는 인간은 자신에 대해 안일해지려는 것을 멈출 필요가 있다. "그대 자신이 되어라! 그대가 지금 행하고 생각하고 원하는 것은 모두 그대 자신이 아니다"라고 외치는 양심의 소리를 따르면 된다. [⋯] 이러한 해방이 없다면 삶은 얼마나 무의미하고 절망적인 것일까! 자신의 창조력을 회피하고서 오른쪽으로, 왼쪽으로, 뒤로, 그리고 모든 방향으로 곁눈질하는 인간보다 더 처량하고 눈에 거슬리는 생물은 이 자연 속에 없을 것이다. 「교육자로서의 쇼펜하우어」 **190**

- - - -

눈치 채지 못하는 사이에 몰락하는 것을 피하기 ─ 인간의 유능함과 위대함은 단번에 무너지는 것이 아니라 지속적으로 잘게 부서져간다. 모든 것 속으로 들어가 자라고 어디에나 단단하게 달라붙을 줄 아는 작은 식물이 우리가 가진 위대한 것을 황폐하게 만든다. 그것은 매일매일, 매 시간 간과되고 있는 우리 주위의 비참함이다. 그리고 그것은 이런저런 작고 소심한 감각의 수천 개의 작은 뿌리가 되어 우리의 이웃에서, 우리의 직장에서, 우리의 교제에서, 우리의 일상적인 일에서 자라난다. 우리가 이 작은 잡초를 눈치 채지 못하고 놔두면 그것 때문에 눈치 채지 못하는 사이에 몰락하게 된다! 『아침놀』 **191**

- - - -

우리 스스로 자신의 삶을 정당화해야 한다. 그렇게 해서 우리는 삶의 진정한 조타수가 되기를 바라고, 우리의 삶이 아무 생각 없는 우연과 같은 것이 되지 않기를 바란다. 우리 자신의 삶을 약간은 무모하고 약간은 위험하게 다루어야 한다. 삶은 최악의 경우든 최선의 경우든 어쨌든 사라질 것이기 때문에 더욱 그렇다. 어째서 이 고향 땅에 매달려 사는가? 어째서 이 생업에 매달려 있는가? 어째서 이웃이 말하는 것에 복종하듯 귀 기울이는가? 몇백 마일만 떨어져 있어도 구속력을 잃고 마는 견해들에 얽매인다는 것은 촌스러운 일이다. 「교육자로서의 쇼펜하우어」 **192**

- - - - -

아, 이토록 긴장이 가득한 시대! 우리는 이 시대를 적어도 위대하게 다루길 원하지만, 자의적으로도 다룰 것이다. 그 작은 선물 때문에 그 선물을 주는 자의 노예가 되어야겠는가! 사람들의 표상과 상상이 그렇게 결합해 있다는 사실은 참으로 놀라운 일이다. 그들은 삶을 전체로 지각하지 않는다. 그들은 이웃의 말과 의견을 두려워한다. 아무쪼록 두 세대가 지나간 후에는 현재를 지배하는 의견이나 너희를 노예로 만들려는 의견을 그 누구도 더 이상 갖지 않게 되기를 바란다. 『유고』(1873년 여름~가을) **193**

- - - - -

교육자란 존재하지 않는다 ─ 우리는 사상가로서 단지 자기 교육에 대해서만 언급하는 것이 좋다. 청소년에 대한 타인의 교육은 미지의 존재나 불가지의 존재를 알아내기 위한 실험이거나 아니면 그러한 새로운 존재를 지배적 관습과 풍습에 적합한 것으로 만들기 위한 근본적인 평준화다. 두 가지 중 어떤 경우에도 사상가에게는 어울리지 않는 것이 있다. 대담할 정도로 솔직한 어떤 사람이 우리의 불구대천의 원수라 불렀던 부모와 교사의 작업들 말이다. 세상의 생각에 따르자면, 오랜 기간의 교육을 끝낸 어느 날, 사람들은 **자기 자신을 발견하게 된다**. 그때 사상가의 과제가 시작되며, 이제 그 사상가에게 도움을 청할 시간이 된 것이다. 교육자로서의 사상가가 아니라 자기 교육을 완수한 경험자로서의 사상가에게 말이다. 『인간적인 너무나 인간적인』 II **194**

- - - - -

우리는 타인의 요구나 의견을 자신의 요구나 의견보다 오히려 더 잘 알고 있다. 타인의 요구나 의견은 오랫동안의 훈련으로 우리에게 스며든다. 나중에 좀 더 자립적이 된다 하더라도 우리는 언제나 우리에게 스며든 근간에 우리의 모든 의식적 행위나 판단을 연관시킬 것이다. 비교하거나 저항하면서, 또는 화를 내거나 유화적인 태도를 취하면서 말이다. 『유고』(1880년 봄) **195**

- - - - -

겸손함에 들어 있는 위험성 — 우리의 힘이나 목표가 법률이 제정되듯이 우리의 의식에 새겨지지 않은 시기에, 우리는 우리에게 우연히 닥친 환경과 과제, 단체와 일상, 노동질서에 너무 일찍 순응한다. 이렇게 해서 얻은 너무나 때 이른 양심의 확고함, 생기발랄함, 공통점, 그리고 내면과 외면의 불안에서 벗어나기 위해 감정의 환심을 사려는 시기상조의 겸손함은 버릇을 잘못 들이게 하고 가장 위험한 방식으로 억누른다. 마치 우리 내면에는 가치를 정립할 수 있는 척도나 권리가 없는 것처럼 '같은 무리'가 하는 대로 존중하는 법을 배우고, 양심과도 같은 취향을 가진 내면의 목소리에 **맞서** 똑같이 평가하려고 애쓰는 것은 엄청나게 세련된 사슬이 될 것이다. 끝내 폭발이 일어나지 않는다면, 그래서 모든 사랑과 도덕의 끈이 단번에 끊어지지 않는다면, 그 정신은 [...] 쇠약해질 것이다. 그 반대는 사정이 상당히 좋지는 않지만 점차 더 좋아질 것이다. 자신의 주변 환경에 괴로워하고, 이를테면 주변의 칭찬이나 비난에 괴로워하고, 그러면서 그것에 상처 받고 그것이 의식에 잠재되어 있지만 이를 드러내지 않는다. 어떤 의도 없이 의심하면서 주변의 사랑에 대해 자신을 방어하고, 침묵을 배우고, 아마도 말하는 것으로 침묵을 감추면서 안도의 한숨과 눈물과 섬세한 위로의 순간을 위해 은신처와 헤아릴 수 없는 고독을 만들어낸다. 그래서 마침내는 "내가 너희들과 무슨 상관이 있단 말인가?"라고 말할 수 있을 정도로 강해져 자신의 길을 갈 때까지 말이다.

『유고』(1886년 말~1887년 봄) **196**

- - - -

자신에게 충실할 것을 맹세해야 할 때는 언제인가 ─ 사람들은 간혹 자신이 가진 천부적 재능과 반대되는 정신적 방향으로 잘못 빠져들곤 한다. 그러면 그들은 얼마 동안 홍수와 바람에 맞서서, 근본적으로 자기 자신에 맞서서 영웅적으로 투쟁을 벌인다. 그들은 지치고 숨이 가빠질 것이다. 그들이 성취하는 것은 진정으로 아무런 기쁨을 주지 않는다. 이러한 성과를 얻기 위해 너무나도 많은 손실을 입었다고 생각하기 때문이다. 그뿐 아니라 그들은 자신이 결실을 이룰 가능성과 자신의 미래에 대해 **절망**할 것이고, 승리하는 가운데에서도 그러할 것이다. 마침내, 그야말로 마침내 그들은 **되돌아서게 된다**. 그리고 이제 바람이 우리의 돛에 불기 시작하여 우리를 **본연의** 수로로 밀어준다. 얼마나 행복한 일인가! 얼마나 확실한 승리의 감정을 느낄 수 있는가! 이제 비로소 우리 자신이 누구이고 무엇을 원하는지를 알게 된다. 이제 우리는 자신에게 충실할 것을 맹세한다. 또 그럴 자격이 있다. 깨우친 자로서 말이다. 『인간적인 너무나 인간적인』 II **197**

- - - -

앞으로 나아가라 — 이제 지혜의 길 위에서, 기분 좋은 발걸음과 확실한 신뢰의 길 위에서 앞으로 나아가라! 그대가 누구이든 스스로 경험의 샘물이 되어 자신을 도우라! 그대의 본질에 대한 불만을 내버려라. 그대 자신의 자아를 꾸짖지 말라. 왜냐하면 어쨌든 그대는 인식으로 오를 수 있는 백 개의 계단이 있는 사다리를 가지고 있기 때문이다. 『인간적인 너무나 인간적인』 I **198**

- - - -

나는 갖가지 길과 방법으로 나의 진리에 이르렀다. 나의 눈이 먼 곳을 내려다볼 수 있는 높이에까지 사다리 하나만으로 오른 것은 아니다.

나는 마지못해서 길을 묻곤 했을 뿐이다. 이것이 언제나 **나의** 취향에 거슬렸다! 그래서 나는 차라리 길에게 직접 물어가며 그 길을 가려 시도했다.

나의 나아감 전체가 하나의 시도였으며 하나의 물음이었다. 진실로 사람들은 그러한 물음에 대답하는 것을 **배우지** 않으면 안 된다! 그리고 이것이 **나의** 취향이다.

좋은 취향도 나쁜 취향도 아닌 나의 취향 말이다. 내가 더 이상 부끄러워하지도, 더 이상 숨기지도 않는 나의 취향이다.

"이것이 지금 **나의** 길이다. 너희들의 길은 어디 있는가?" 나는 나에게 '**진리의** 길'을 묻는 자들에게 그렇게 대답했다. 왜냐하면 그 길은 존재하지 않기 때문이다! 『차라투스트라는 이렇게 말했다』 III **199**

- - - -

높이 올라가고 싶으면, 그대의 두 다리를 사용하라! **실려 올라가지 말라!** 남들의 등과 머리에 올라타지 말라!

그런데 그대는 말을 타고 올라오지 않았는가? 그대는 이제 서둘러 말을 몰아서 그대의 목적지를 향해 올라가는가? 좋다, 나의 친구여! 그러나 그대의 절름거리는 발도 함께 말을 타고 있군!

더 높은 인간이여! 그대의 목적지에 이르러 말에서 뛰어내릴 때, 바로 그대의 **높이**에서 비틀거리게 될 것이다! 『차라투스트라는 이렇게 말했다』 IV **200**

- - - -

그대에게 삶의 강물을 건너는 데 필요한 다리를 놓아줄 사람은 아무도 없다. 오직 그대 이외에는 아무도 없다. 물론 강물을 가로질러 그대를 건너게 해줄 작은 길과 다리와 반신(半神)은 무수히 많다. 하지만 그것도 그대 자신을 희생으로 바쳐서일 뿐이다. 그대는 그대 자신을 저당 잡혀서 잃어버리게 될지도 모른다. 세상에는 그대 이외에는 그 누구도 걸을 수 없는 유일한 길이 있다. 이 길은 어디로나 있는지 묻지 말고 오로지 나아가라. 「교육자로서의 쇼펜하우어」 **201**

- - - - -

　도대체 어떻게 **자신의** 길 위에 머물러 있는 것이 가능하단 말인가! 끊임없이 어떤 외침이 우리를 옆쪽으로 부른다. 그 순간에 우리의 일을 내버려두고 그쪽으로 건너가야 할 필요가 없다면, 우리의 눈은 그쪽에서 거의 아무것도 볼 수 없다. 나는 알고 있다. **나의 길**에서 벗어나 있는 수백 가지 품위 있고 칭찬할 만한 방식이 있다는 것, 진실로 지극히 '도덕적인' 방식이 있다는 것 말이다! 실제로 오늘날 도덕의 설교자들은 그처럼 **자신의** 길에서 벗어나 이웃에게로 건너가는 것, 오직 이것만이 유일하게 도덕적이라는 견해를 취하기까지 한다. [⋯] 동정을 불러일으키고 도움을 외치는 이 모든 것에는 은밀한 유혹이 숨겨져 있다. 그야말로 우리 '자신의 길'은 너무 어렵고, 요구사항이 많으며, 타인의 사랑과 감사로부터 멀리 떨어져 있다. 우리는 우리 자신의 길과 가장 고유한 양심으로부터 도망치는 것을 싫어하지 않는다. [⋯] 너도 도움을 주기 원할 것이다. 하지만 너와 동일한 고뇌와 희망을 갖고 있는 까닭에 그들의 고통을 완전히 **이해할 수 있는** 사람들 ─ 바로 너의 **친구들** ─ 만 도와라! 그것도 네 자신을 돕는 그러한 방식으로만 말이다. 나는 그들을 더 용기 있고, 더 인내심 있고, 더 소박하고, 더 즐겁게 만들어주고 싶다! 지금은 소수밖에 이해하지 못하는 것, 그리고 저 동정을 설파하는 설교자들은 거의 이해할 수 없는 것을 가르치고 싶다. **동감하는 즐거움을 말이다!** 『즐거운 학문』**202**

- - - - -

"자기 자신을 원하라" — 활동적이고 성공을 원하는 천성을 지닌 사람들은 "너 자신을 알라"는 격언에 따라 행동하는 것이 아니라, 마치 "자기 자신을 **원하라**. 그러면 자기 자신이 **될 것이다**"라는 명령을 머릿속에 떠올리고 있는 것처럼 행동한다. 운명은 그들에게 언제나 선택을 허용해주었던 것처럼 보인다. 그런 반면에 비활동적이고 관조적인 사람들은 삶 속으로 첫발을 내디뎠던 순간에 자신들의 선택이 어떠했는지를 숙고하며 살고 있다. 『인간적인 너무나 인간적인』 II **203**

- - - -

우리가 이런저런 것을 내려놓거나 망각한 후에 다시 우리의 고유한 자기를 찾게 된다고 믿는 것은 하나의 신화일 뿐이다. 그것은 우리를 무한으로까지 소급해간다. 그것이 아니라 **스스로** 자기를 만드는 것, 모든 요소로부터 하나의 형식을 **형성하는 것**이 과제다! 조각가의 영원한 과제! 생산적인 인간의 과제! 『유고』(1880년 말) **204**

- - - -

정원사와 정원 — 습기 차고 구름 낀 날로부터, 고독으로부터, 우리에게 건네지는 애정 없는 말로부터 **결론**이 버섯처럼 자라난다. 이 결론은 어느 날 아침에 느닷없이 존재하고, 어디서 왔는지도 모르게 와서 존재하고, 음울하고 불쾌한 눈빛으로 우리를 주시한다. 정원사로서의 사상가가 아니라 식물이 자라는 땅에 불과한 사상가에게는 화 있을진저! 『아침놀』 **205**

- - - -

　　우리의 기질을 정원처럼 가꾸는 것은 마음먹기에 달렸다. 체험을 심고, 다른 것은 깎아 없애버린다. 우정의 아름답고 고요한 가로수 길을 만들고, 명예를 향한 조용한 전망을 의식하기도 한다. 정원의 이 모든 좋은 부분에 잘 접근할 수 있는 통로를 미리 확보함으로써 어떤 부분을 **필요로 할** 경우 그 부분이 우리에게 부족하지 않게끔 한다. 　『유고』(1880년 말) **206**

- - - -

　　우리는 동물이나 식물에게서 번성한다는 것이 무엇인지를 배워야 한다. 그에 따라 인간과 관련된 생각을 바꾸어야 한다.
『유고』(1880년 말) **207**

- - - -

　　누구나 놀라움을 금치 못하면서 자신에게 묻는 순간이 있기 마련이다. 어떻게 살고 있는가! 그리고 이렇게 살고 있다니! 꼬불꼬불 휘감겨 올라가 마침내 태양빛을 쬐며 스스로 약간의 토양과 경작되지 않은 대지 위로 기쁨을 만들어내는 식물을 바라보면서 감탄하는 감수성 말이다. 누구나 그러한 감수성을 가지고 있다고 생각하는 순간이 있기 마련이다. 어떤 사람이 자신의 삶을 묘사한다면 말이다. 그러한 묘사에는 언제나 식물이 살아가고 있으며, 더욱이 불굴의 용기로 자라나고 있는 것에 대해 놀라워하는 순간이 담겨 있게 마련이다. 　『유고』(1875년 여름) **208**

- - - -

　자신의 길을 걷는 자는 […] 어느 누구와도 만나지 못한다. 그 것은 '자신의 길'을 가는 데 반드시 따르게 마련이다. 거기서는 그를 도우러 오는 자가 한 사람도 없다. 그는 닥쳐올 위험, 우연, 악의, 악천후 등 모든 것을 혼자서 해결하지 않으면 안 된다. 그는 정말 자신의 길을 **혼자서** 간다. 그래서 그가 '혼자서'라는 사실에 대해 괴로워하고 때로는 짜증나는 것은 당연한 일이다. 예컨대 그는 친구들조차 자신이 어디에 있는지 어디로 가는지 추측할 수 없다는 것을 알고 있고, 그들이 "뭐라고? 어쨌든 그가 가고 있다고? 그에게 아직 길이 있다고?"라며 이따금 서로 묻는 것을 알고 있기 때문에 그렇다. 『아침놀』**209**

- - - -

　산속의 방랑자가 자기 자신에게 ─ 그대가 전진하여 더 높은 곳에 이르렀다는 확실한 증거가 있다. 이제 그대의 주위는 이전보다 탁 트이고 전망도 더 좋아졌다. 공기는 그대에게 더욱 차갑게 느껴지지만 더 부드러운 기분이 들 것이다. 그대는 부드러움과 따뜻함을 혼동하는 어리석음을 떨쳐버렸다. 그대의 발길은 생기 넘치고 확고해졌으며, 용기와 신중함은 함께 성장해왔다. 이 모든 이유에서 이제 그대의 행로는 이전보다 더욱 고독해지고, 아무튼 더욱 위험해질 것이다. 확실히 방랑자인 그대가 안개 자욱한 골짜기에서 산 위로 올라가는 것을 바라보는 자들이 상상하는 그 정도까지는 아닐지라도 말이다. 『인간적인 너무나 인간적인』 II **210**

- - - - -

그사이에 [...] 나는 소수의 사람들이 지금 이해하고 있는 것, 고독을 이겨내고 있는 것, 고독을 '이해하고 있는 것'에 대해 배웠다. 나는 차라리 혼자서 달리고, 혼자서 날며, 언젠가 다리에 병이 든다 할지라도 차라리 혼자서 기어가는 것을 오늘날 '자유정신'이라는 중요한 기호로 표시하고 싶다. 고독은 치유하는 것이거나 아니면 죽이는 것이다. 이것은 참이다. 고독은 심술궂은 위험한 치료법에 속한다. 그러나 고독으로 치유하는 경우라면 인간이 사회 안에 서 있거나 나무가 숲 안에 서 있는 것보다 훨씬 더 인간을 건강하고 독립적으로 서 있게 하는 것은 확실하다. 『유고』(1885년 8~9월) **211**

- - - - -

교육에 대해 ─ 우리가 시도하는 방식의 교양과 교육이 가진 가장 일반적인 결함이 점차 내게 분명해졌다. 그 누구도 **고독을 견디는 것**을 배우지도 않고, 추구하지도 않으며, 가르치지도 않는다. 『아침놀』 **212**

- - - - -

독자적이고 새로운 길을 갈 때 높은 자기의식을 똑바로 유지하는 것은 매우 어려운 일이다. 우리는 무엇이 자신에게 **가치 있는** 것인지 알 수 없다. 우리는 그것을 타자를 통해 믿어야 한다. 그리고 우리가 낯선 길을 가는 까닭에 올바로 판단할 수 없다면, 우리자신에 대해 불안을 느끼게 된다. 우리에게는 즐거움과 용기를 주는 갈채가 필요하다. 그렇지 않으면 고독한 사람은 암담해지고, 자신이 가진 능력의 절반을 잃어버리며, 그의 성과 역시 줄어들게 된다. 『유고』(1880년 여름) **213**

- - - - -

각자가 자신의 내면에 품고 있는 창조적인 유일성이 그 존재의 핵심이다. 각자가 이 유일성을 의식하게 되면, 각자의 주위에 이상한 광채가 나타난다. 비범한 자의 광채 말이다. 이것은 대다수 사람들에게는 견디기 어려운 것이다. 이미 말했듯이 그들은 게으르기 때문이다. 그리고 유일성에는 노력과 부담이라는 사슬이 부착되어 있다. 이러한 사슬로 무거운 짐이 지워진 비범한 자의 삶은 사람들이 어린 시절부터 그에게 기대했던 것, 즉 명랑함, 안정성, 경쾌함, 명예 등을 거의 모두 잃어버리게 된다. 이것은 의심할 나위도 없다. 고독이라는 운명은 주위 사람들이 그에게 주는 선물이다. 그는 자신이 원하는 곳이면 어디에서든 살 수 있으나 황야와 동굴이 즉시 출현할 것이다. 여하튼 그는 굴복하지 않도록, 의기소침해지거나 우울해지지 않도록 주의해야 한다. 「교육자로서의 쇼펜하우어」**214**

- - - - -

개인적인 생활방식에서 불쾌한 것 — 지극히 개인적인 모든 생활방식은 사람들에게 그런 생활방식을 취한 사람에 대해 분개하도록 만든다. 사람들은 그 사람이 채택한 특별한 생활방식 때문에 자신이 범상한 존재로 비하되었다고 느낀다. 『인간적인 너무나 인간적인』 **215**

- - - - -

[1880년 11월 24일, 쾨젤리츠에게]

고독, 그리고 우리 자신의 판사석 앞에 서 있는 자신에 대한 엄격함, 더 이상 타자에게 귀 기울이지 않는 것, 자세히 관찰하고 지배하는 것! 삶이 우리의 가장 내적인 희망에 따라 존재하거나 **형성되는 것**! 조급함이 없는 활동! 자신과 자신의 행동에 대해 낯선 도덕의식을 갖지 않기! 그렇게 나는 이제 다시 한번 나를 복구하는 것을 시도한다. 『편지』**216**

9

"
네 최고의 지혜 속보다는
네 몸속에 더 많은 이성이 있다
"

몸의 발견

인간은 사유하는 존재일 뿐만 아니라 느끼고 감각하는 존재다. 따라서 인간은 자신의 충동과 몸의 욕구를 본성으로 파악하고, 그것을 존중하고 사랑하는 법을 배워야 할 것이다. 니체의 차라투스트라는 몸을 경멸하는 오랫동안의 그리스도교적 전통에 맞서 몸을 복권시키고, 우리의 '큰 이성'을 재발견한다. 큰 이성이 가진 욕구와 욕망이 우리의 의식과 자아의 '작은 이성'을 지배하는 진정한 지도자인 셈이다. 자유정신은 자신의 감각적 체험(삶)을 촉진하고, 풍부하고 세련되게 하며, 더 이상 '몸적인 것'에서 사악한 것을 보지 않는다. 이 '사악한 것'이 사람들에게 양심의 가책을 느끼도록 가르쳤다.

니체는 철학자의 자기기만을 도덕의 기만 옆에 나란히 세운다. 그는 가시화된 모든 것의 배후에 은폐되어 있을 수 있는 것을 묻는 데 익숙하다. 그렇게 함으로써 그는 객관적 진리에 대한 요구와 함께 거대하게 등장하는 고상한 철학적 사유 체계를 어떤 무의식적인 충동의 힘이 지성적으로 위장된 결과로 본다. 니체는 그렇게 독해할 것을 제안한다. 어떤 사유도 자신이 가진 몸의 조건으로부터 완전히 벗어날 수 없다. 니체는 "우리는 차가운 오장육부를 가진 객관화나 목록화의 도구가 아니다"라고 말한다. 그리고 우리는 자신의 충동과 희망과 기분이 어떻게 우리의 사유에 관여하는지, 더 나아가 어떻게 사유의 비밀스러운 '무대감독'으로 존재하는지를 항상 분명하게 알아야 한다. 그것은 어쩌면 지금까지의 방식에서는 전혀 이해될 수 없었던 방식에서나 가능할 것이다.

- - - - -

망각된 자연 ─ 우리는 자연에 대해 말하면서도 자신에 대해서는 망각한다. 우리 자신이 자연임에도 말이다. 따라서 자연은 우리가 그 이름을 부를 때 느끼는 것과는 완전히 다른 어떤 것이다. 『인간적인 너무나 인간적인』 II **217**

- - - - -

우리는 지금까지 자연에 대해 전적으로 **경외심**을 느꼈다. **몸**을 고찰할 때도 그러한 경외심을 느끼는 것을 배워야 한다.

『유고』(1883년 봄~여름) **218**

- - - - -

나는 중요한 문제와 관련하여 지금까지의 모든 철학자보다는 예술가들에게 더 많은 권리를 부여한다. 예술가들은 삶이 진행되어가는 과정에서 커다란 흔적을 놓치지 않았고, '이 세계'의 사물들을 사랑했다. 또한 그들은 자신의 감각을 사랑했다. 감각에서 벗어나기 위해 노력한다는 것은 나에게는 어떤 오해이거나 어떤 병이거나 ─ 이것이 단순한 위선이나 자기기만이 아닌 경우라면 ─ 어떤 치료로 보인다. 나는 나 자신에게, 청교도적 양심의 불안 없이 삶을 살거나 또는 살아가는 것이 **허용된** 모든 사람에게 자신의 감각을 한층 더 정신화하고 다양화하기를 바란다. 어떤 경우든 우리는 감각의 섬세함과 풍부함과 힘과 관련하여 감각에 감사할 것이고, 우리가 갖고 있는 정신에서 최선의 것을 감각에 제공할 것이다. 성직자적으로 그리고 형이상학적으로 감각을 이단시하는 것이 우리와 무슨 상관이 있단 말인가! 우리는 더 이상 이러한 이단시를 필요로 하지 않는다. 괴테 같은 어떤 사람이 한층 더 큰 즐거움과 진심을 갖고 '세계의 사물'에 매달린다면, 이는 성공한 삶을 나타내는 표시다. 『유고』(1885년 6~7월) **219**

- - - -

너의 사상과 감정의 배후에 너의 몸이 있고, 너의 몸속에 너의 '자기'가 있다. 미지의 땅이다. 너는 무엇을 위해 이러한 사상과 감정을 가지고 있는가? 몸속의 너의 '자기'는 그것들을 통해 무엇인가를 원하고 있다. 『유고』(1882년 11월~1883년 2월) **220**

- - - -

나의 형제여, 내 너희에게 간청하노니 대지에 충실하라! 그리고 네게 천상의 희망을 설교하는 자들을 믿지 말라! 그들은 스스로 알든 모르든 간에 독을 섞는 자들이다.

그들은 삶을 경멸하는 자들이고, 소멸해가고 있는 자들이며, 스스로 독에 중독된 자들이다. 그런 자들에게 대지는 지쳐버렸다. 그러니 그들이 떠나도록 내버려두어라! […]

예전엔 영혼이 몸을 경멸적으로 보았다. 그리고 그 당시엔 그러한 경멸이 최고의 것으로 받아들여졌다. 영혼은 몸이 야위고 끔찍해지고 굶주려 있기를 바랐다. 이렇게 함으로써 영혼은 몸과 대지로부터 벗어날 수 있다고 생각했다.

오, 그러나 이제 영혼 자신이 야위고 끔찍해지고 굶주리게 되었다. 그리고 이러한 잔혹함이 영혼이 누린 쾌락이었다! 『차라투스트라는 이렇게 말했다』 **221**

- - - -

몸을 경멸하는 자들에 대하여

어린아이는 "나는 몸이며 영혼이다"라고 말한다. 그런데 어찌하여 사람들은 어린아이처럼 말하지 못하는가?

그러나 깨어난 자, 깨우친 자는 말한다. 나는 전적으로 몸일 뿐 그 외에는 아무것도 아니며, 그리고 영혼이란 몸속에 있는 그 어떤 것에 붙인 말에 불과하다.

몸은 큰 이성이고, 하나의 의미를 지닌 다양성이고, 전쟁이자 평화이고, 가축 떼이자 목자다.

나의 형제여, 네가 '정신'이라고 부르는 너의 그 작은 이성도 역시 네 몸의 도구, 이를테면 너의 큰 이성의 작은 도구이자 장난감에 불과하다.

너는 '자아'라고 말하고는 그 말을 자랑스러워한다. 너는 그것을 믿으려 하지 않겠지만, 한결 위대한 것은 너의 몸과 네 몸의 큰 이성이다. 큰 이성은 자아를 말하지 않고 자아를 행한다. […]

너의 최고의 지혜 속보다는 네 몸속에 더 많은 이성이 있다. 네 몸이 무엇을 위해 최고의 지혜를 필요로 하는지 도대체 누가 알겠는가? 『차라투스트라는 이렇게 말했다』 **222**

- - - - -

　나는 근대의 윤리학자들이 어째서 그렇게 멀리 떨어져 있는 희귀한 것들에 대해 말하는지 모르겠다. 그들은 인간을 놀라운 영적인 존재처럼 간주한다. 그들은 매우 단순하게 인간을 고대적으로 다루거나 인간이 필요로 하는 다양한 욕구에 대해 말하는 것을 점잖지 못하다고 생각하는 것처럼 보인다. 왜냐하면 그것을 저급하다고 생각하기 때문이다. 이러한 부끄러움은 너무나 심화되었다. 그래서 근대인은 자신의 몸을 단지 가상에 불과한 것이라고 믿고 싶어 할 정도다.　『유고』(1873년 가을~1873/1874년 겨울) **223**

- - - - -

　그들은 소화나 칫솔에 관한 대화를 세련되지 못한 것으로 간주할 정도로 그렇게 부끄러움의 영역을 확장시켰다. 따라서 좀 더 세련된 사람들은 그러한 것들에 대해 당연히 **숙고하지** 않는다.　『유고』(1879년 7~8월) **224**

- - - - -

　생리적 사안에서의 무지 ― 그리스도교도는 신경 체계를 갖고 있지 않다. 그것은 몸의 요구와 몸의 발견을 무시하고 의도적으로 간과하려는 욕구다. 그것은 인간의 좀 더 고급한 본성에 적합하다는 전제이고, 영혼에 필연적으로 좋을 것이라는 전제다. 몸의 느낌 전체를 도덕적 가치들로 철저하게 환원하는 것 등, 심지어는 병도 도덕에 의해 제약된 것으로 생각되었다. 이를테면 처벌로서, 시험으로서, 또는 구원의 상태로서 말이다. 인간은 건강한 상태에서보다 이러한 구원의 상태에서 더 완전하게 될 수 있다. 『유고』(1888년 봄) **225**

- - - -

    자연의 비방자들에 반대하여 — 모든 자연적인 성향을 즉시 병적인 것으로, 왜곡하는 것으로, 심지어 창피스러운 것으로 취급하는 사람들은 나를 불쾌하게 만든다. **이들**은 인간의 성향과 충동이 악한 것이라고 생각하도록 우리를 유혹해온 자들이다. 그들은 우리의 본성과 모든 자연에 대해 범하고 있는 커다란 부정의의 근원이다! 기품을 유지하면서 아무런 근심 없이 자신의 충동에 맡길 수 있는 사람들이 얼마든지 있다. 그러나 이들도 자연의 '악한 본성'이라는 저 망상이 주는 두려움으로 인해 그렇게 하지 못한다! **이로 인해** 인간에게서 고귀함을 찾기가 매우 어려워지게 되었다. 자신에 대해 아무런 두려움을 갖지 않는 것, 자신으로부터 어떤 창피스러운 것도 예기하지 않는 것, 충동이 우리 — 자유롭게 태어난 새들 — 를 이끄는 대로 망설임 없이 날아가는 것이야말로 언제나 고귀함의 징표다! 우리가 어디로 가든지 간에 우리 주위에는 항상 자유와 햇빛이 있을 것이다. 『즐거운 학문』**226**

- - - -

    '순수 정신'의 편견 — 순수한 정신성에 대한 학설이 지배한 곳에서는 어디서나 그 극단적 성격 때문에 신경의 힘을 파괴했다. 그것은 몸을 경시하고 무시하고 혹은 괴롭히는 것을 가르쳤다. 또한 육체가 갖는 모든 충동을 이유로 내세워 심지어는 인간을 괴롭히고 경시할 것을 가르쳤다. 그로 인해 음울하고 긴장한 채 억눌려 있는 영혼의 소유자들을 낳았다. 게다가 이들은 자신의 비참한 감정의 원인을 알 수 있고, 어쩌면 그 원인을 제거할 수 있을 것이라고 믿었다! 그들은 "그 원인은 몸에 있음에 틀림없다! 몸은 언제나 여전히 너무나 **번성해 있다!**"고 결론지었다. 실제로는 몸이 자신의 고통을 통해 끊임없이 자신이 조롱당하는 것에 대해 거듭 이의를 제기했음에도 말이다. 마침내 전신에 퍼진 만성적인 신경과민이 덕망이 높은 순수한 정신을 가진 인간의 운명이 되었다. 결국 그들도 망아의 상태나 광기의 다른 선구적인 상태로밖에는 **쾌감을** 알지 못했다. 그리고 망아의 상태를 삶의 최고 목표로 받아들였을 때, 또 그 망아의 상태를 지상의 모든 것에 **유죄판결을 내리는** 척도라고 받아들였을 때, 그들의 체계는 정점에 달했다. 『아침놀』**227**

- - - - -

'신' 개념은 삶에 대한 반대 개념으로 고안되었다. 이 개념 안에서 유해하고 독살하고 비방하는 모든 것, 즉 삶에 대한 불구대천의 적개심 전체가 하나의 놀랄 만한 통일성을 이루었다! '피안' 개념, 즉 '진리의 세계' 개념은 존재하는 **유일한** 이 세계를 탈가치화하기 위해, 지상의 실재를 위한 어떤 목표도 어떤 이성도 어떤 과제도 남기지 않기 위해 고안된 것이다! '영혼'과 '정신', 특히 '불멸의 영혼'이라는 개념조차 몸을 경멸하고 몸을 병들게 ― '성스럽게' ― 하기 위해, 그리고 삶에서 귀중한 가치가 있는 모든 것, 즉 영양섭취, 주거, 정신적 섭생, 병의 치료, 청결, 기후 등에 관한 문제들에 끔찍할 정도로 경솔하게 대처하도록 하기 위해 고안되었다! 건강 대신에 '영혼의 구원'. 『이 사람을 보라』**228**

- - - - -

어떤 것을 악한 것으로 생각하는 것은 어떤 것을 악한 것으로 만드는 것을 의미한다 ― 정열을 악하고 기분 나쁜 것이라고 간주할 경우 정열은 악하고 기분 나쁜 것이 된다. 이에 따라 그리스도교는 모든 성적인 흥분에 대해 신자에게 양심의 가책을 불러일으켜 괴로워하게 함으로써 에로스와 아프로디테 ― 위대한 이상적 능력의 힘들 ― 를 지옥의 요괴와 환영으로 만드는 데 성공했다. 필연적이고 규칙적인 감각을 내면적인 비참함의 원천으로 만들고, 이를 통해 내면적인 비참함을 **모든 인간**에게 필연적이고 규칙적인 것으로 만드는 것은 무서운 일이 아닐까! [⋯] 동정이나 숭배의 감각과 마찬가지로 일반적으로 성적인 감각에 공통적인 것은 한쪽 인간이 자신의 즐거움으로 다른 쪽 인간을 즐겁게 한다는 사실이다. 우리는 자연에서 이러한 호의적인 현상을 그다지 자주 접하지는 못한다! 그런데 바로 그러한 것을 모욕하고 양심의 가책을 통해 망쳐버리다니! 인간의 출산을 양심의 가책과 결부시키다니! 결국 이러한 에로스의 악마화는 일종의 희극적인 종말을 맞게 되었다. '악마' 에로스는 에로틱한 모든 것에 대한 교회의 소곤거림과 비밀주의 덕분에 점차 모든 천사와 성자보다 더 인간의 관심을 끌게 되었다. 그것은 우리 시대에까지 영향을 미쳐서 **연애 이야기가** 온 세상에 공통된 단 하나의 진정한 관심사가 되었다.　『아침놀』**229**

- - - -

생리적인 욕구에 의해 생겨난 것을 객관적인 것, 이념적인 것, 순수 정신적인 것 등의 외피로 은폐하려는 무의식적인 시도는 놀라울 정도로 널리 퍼져 있다. 그래서 나는 가끔 "전체적으로 보면 철학은 단지 몸에 대한 해석이거나 또는 **몸에 대한 오해**에 불과한 것은 아닌가?"라는 질문을 던져보았다. [⋯] 형이상학의 저 모든 과감한 미친 짓은 우선은 언제나 특정한 몸의 징후로 간주될 수 있다. [⋯] 그리고 그것은 몸의 성공과 패배, 몸의 충만함과 힘과 역사 속에서 자기 과시로, 또는 몸의 장애와 피로와 빈곤과 종말에 대한 예감이나 종말에 대한 의지의 [⋯] 징후로 간주될 수 있다.　『즐거운 학문』**230**

- - - -

우리는 생각하는 개구리가 아니다. 또한 차가운 오장육부를 가진 객관화나 목록화의 도구가 아니다. 우리는 고통을 통해 끊임없이 자신의 사상을 새롭게 낳아야 하고, 어머니로서 피, 가슴, 불, 기쁨, 정열, 고통, 양심, 운명, 숙명 등 우리가 지닌 모든 것을 그 사상에 물려주어야 한다. 삶이야말로 우리의 모든 것이고, 우리가 빛과 불꽃으로 변화시키는 모든 것이며, 또한 우리가 만나는 모든 것이다. 우리는 달리 **할 수 있는** 것이 없다.　『즐거운 학문』**231**

- - - -

나는 언제나 나의 온몸과 마음을 다해 글을 썼다. 나는 '순수 정신적인' 문제들이 무엇인지를 알지 못한다. 『유고』(1880년 여름) **232**

- - - -

우회로에서 — 이러한 철학 전체는 모든 우회로와 함께 어디로 가려는 것인가? 이를테면 하나의 지속적이고 강한 충동을 이성으로 번역하는 것 그 이상의 일을 하려는 것인가? 부드러운 태양, 밝고 생동하는 대기, 남쪽의 식물, 바다의 숨결, 고기와 달걀과 과일의 가벼운 식사, 뜨거운 마실 물, 며칠간의 조용한 산책, 적은 말수, 드물지만 주의 깊은 독서, 고독한 거주, 거의 군인 같은 청결하고 소박한 생활 습관, 요컨대 나의 취향에 가장 맞고 나의 건강에 가장 좋은 모든 것에 대한 충동 말이다. 철학은 근본적으로 개인적인 식이요법을 위한 본능이 아닐까? 나의 대기와 나의 높이와 나의 직감과 나의 방식의 건강을 두뇌의 우회로를 통해 찾으려는 본능이 아닐까? 다른 많은, 그리고 더 높은 숭고한 철학들 또한 분명히 존재한다. 나의 철학보다 더 음울하고 더 까다로운 철학들만 존재하는 것은 아니다. 어쩌면 그것들 모두 역시 그러한 개인적인 충동의 지성적인 우회로 이외에 아무것도 아닌 것은 아닐까? 『아침놀』 **233**

10

"
나는 이미 얼마나 늙었는가,
그리고 나는
아직 얼마나 젊어질 수 있을지…
"

변화를
위한
용기

자기 자신을 향한 길에서 자신을 만들 수 있을 정도로 충분히 '이기주의자'인 사람은 이 과정에서 자신을 끊임없는 변화 속에 있는 존재로 바라보는 것을 배우게 된다. 이 철학자는 "너는 언제나 어떤 다른 사람이다"라는 점을 독자에게 회상하게 한다. 그리고 이러한 견해를 받아들일 용기를 갖고 있는 사람은 곧바로 견고한 성격의 사회가 베푸는 칭찬을 믿지 않을 것이다. 그리고 그는 자신을 언제나 동일성으로 존재하는 개인으로 규정하는 생각도 어떤 구속하는 것으로 파악할 것이다. 공동체도덕은 변화에 대한 우리의 욕구를 전승된 것이나 통상 인정되는 것을 배반하는 요소로 간주한다. 그리고 공동체도덕이 이 욕구에 양심의 가책을 덧붙인다면, 공동체도덕은 전통의 이상을 훈육의 도구로 이용한 것이 아니겠는가? 헤아릴 수 없는 것에 대한 두려움이 이러한 가치설정의 심층적인 근원이 아니겠는가?

어떤 사람은 이러한 가치설정의 전략적 기능을 간파할 것이고, 인격의 성숙성 정도를 이제 더 이상 자신의 행위에 대한 칭찬으로부터 판단하지 않을 것이다. 왜냐하면 그의 행위는 아무런 반성 없이 이미 주어진 행위 규범에 적응한 결과에 불과하기 때문이다. 그 사람은 이제 자신의 변화 가능성에 대해 더 이상 주저하지 않을 것이다.

그는 내적인 흐름과 내적으로 변화하는 목소리에 귀를 기울이기 시작할 것이다. 이러한 흐름과 목소리는 그를 그 어떤 것으로 계속 추동해가거나 또는 어떤 것으로부터 계속 추동해갈 것이다. 그는 자신의 욕구와 희망에 따르면서 이전의 의견과 신념을 버리는 것을 더 이상 두려워하지 않는다. 물론 그러한 허물 벗기는 고통스러운 일이다. 왜냐하면 허물 벗기는 옛 연인과의 이별처럼 체험되기 때문이다. 그러나 이러한 고통은 몸뿐만 아니라 영혼과 정신의 발전에 필수이며, 모든 성장의 원동력이자 동반자다. 자신을 변화시키는 경험의 지평에서 자기 관점의 변경을 허용하고, 이것을 계속되는 내면의 확장으로 여기면서 감사하게 받아들이는 데 성공한 사람은 다양한 관점이 가능하고 여러 가지 삶의 상황이 있으며 현존재의 방식이 다양하게 존재한다는 점에 대해 좀 더 관용적이고 관대할 것이며 좀 더 이해할 것이다.

- - - -

　　단기적인 습관 ─ 나는 단기적인 습관을 사랑하며, 이것이 **수 많은** 사물과 상태를 그 달콤함과 쓰라림의 저 밑바닥에 이르기까지 알게 해주는 더없이 귀중한 수단이라고 여기고 있다. 나의 본성은 전적으로 단기적인 습관에 맞춰져 있다. 몸의 건강을 위해 필요한 것들은 물론이고, 내가 볼 수 있는 한 가장 하찮은 것에서부터 최고로 높은 것에 이르기까지 그러하다. 나는 **이것이** 내게 지속적으로 만족을 줄 것이라고 항상 믿고 있다. 단기적인 습관도 저 정열적인 믿음, 즉 영원성에 대한 믿음을 지니고 있다. 그리고 이것을 발견하고 인식했다는 점에서 나는 부러움을 살 만하다. 지금 그 단기적인 습관은 밤낮으로 나에게 자양분을 주며, 주위의 모든 것과 나에게 깊은 만족을 나누어주고 있다. 그렇기 때문에 나는 다른 아무것도 요구하지 않으며, 비교할 것도 경멸할 것도 미워할 것도 갖고 있지 않다. 그러나 언젠가 그 시효가 끝나는 날이 올 것이다. 좋은 일이 내게서 떠나갈 것이다. 나에게 혐오감을 불러일으키는 것이 아니라 평화롭게, 나도 그것에 만족하고 그것 역시 나에게 만족하는 상태로 마치 우리가 서로에게 감사를 느끼며 이별할 때 악수를 하는 것처럼 그렇게 말이다. 그러면 벌써 새로운 것이 문 앞에서 기다리고 있을 것이며, 또다시 나의 믿음 ─ 어리석음과 현명함의 끊임없는 되풀이로서 ─ 은 이 새로운 것이 옳은 것이며 궁극적으로 옳은 것이라고 여길 것이다. 이것이 내가 식사, 사상, 인간, 도시, 시, 음악, 이론, 일과, 생활 방식 등과 관계를 맺는 방식이다. 그 반면에 나는 **지속적인** 습관을 싫어한다. 여러 사건이 일어나면서 이로부터 필연적으로 지속적인 습관이 만들어질 수밖에 없는 것처럼 보이면, 어떤 폭군이 나에게 가까이 다가왔다는 것을 느끼고, 삶의 공기가 **두터워졌다**는 것을 느낀다. 예컨대 관직에 의해, 똑같은 사람들과 늘 함께 있어야 하는 것에 의해, 고정된 주거에 의해, 다시없이 좋은 건강 상태 등에 의해서다. 사실상 나는 내 모든 비참함과 질병에 대해, 나의 불완전한 모든 것에 대해 내 영혼의 가장 깊은 곳에서부터 감사함을 느끼고 있다. 왜냐하면 이것들이야말로 내가 지속적인 습관으로부터 **빠져나갈** 수 있는 수백 개의 뒷문을 열어주기 때문이다. 물론 가장 참을 수 없는 것, 지극히 두려운 것은 전적으로 아무 습관 없이 살아가는 삶, 즉 언제나 즉흥적으로 살아가기를 원하는 삶일 것이다. 이것이야말로 나의 추방이고, 나의 시베리아일 것이다.　『즐거운 학문』**234**

- - - - -

우리가[자유정신의 소유자들이] **우리의** 철학이라는 의미에서 '행복'이라는 용어를 사용한다면, 이때 우리는 철학자 중 피로에 지친 자, 불안에 사로잡힌 자, 고통스러워하는 자들처럼 외적인 평화와 내적인 평화에 대해, 고통 없는 상태에 대해, 부동의 상태에 대해, 방해받지 않는 상태에 대해, '안식일 중의 안식일'에 대해, 가치와 관련해 깊은 잠과 같은 어떤 것에 대해 가장 우선적으로 생각하지는 않는다. 오히려 불확실한 것, 변화하는 것, 변할 수 있는 것, 많은 의미를 갖는 것이 **우리의** 세계이며, 그것은 위험한 세계다.

『유고』(1885년 8~9월) **235**

- - - - -

잿빛 유리창 앞에서 ─ 도대체 이 창을 통해 세계를 보는 것이 너희가 다른 창으로는 전혀 보려고 하지 않을 뿐만 아니라 다른 사람들이 보려고 하는 시도까지 막을 정도로 그렇게 아름답단 말인가? 『인간적인 너무나 인간적인』 | **236**

- - - - -

습관화된 모든 것은 갈수록 견고해지는 거미줄의 그물로 우리를 끌어당긴다. 그리고 우리는 가느다란 거미줄이 밧줄로 바뀌었다는 것과 우리 자신이 거미가 되어 그 한가운데 앉아 있다는 것을 곧 깨닫는다. 그 거미는 이곳에 잡혀서 자기 자신의 피를 빨아먹고 살아가야 한다. 그렇기 때문에 자유정신은 모든 습관과 규칙, 모든 영속하는 것과 확정적인 것을 싫어한다. 그는 고통을 무릅쓰고 자신의 주위를 에워싼 그물을 찢고 또 찢어버린다. 그 결과 크고 작은 수많은 상처로 괴로워할 것임에도 말이다. 그는 그 줄을 **자기 자신으로부터**, 자신의 몸과 영혼으로부터 떼어내야 하기 때문이다. 『인간적인 너무나 인간적인』 | **237**

- - - - -

우리는 배신자가 되어야 하고, 불성실을 행하고, 우리의 이상을 되풀이해 포기해야 한다. 이렇게 배신자로서 고통을 가하고 그것으로써 다시 고통을 받는 과정 없이는 우리 삶의 한 시기에서 다른 시기로 옮겨갈 수 없다. 이 고통에서 벗어나기 위해 끓어오르는

감정을 경계할 필요가 있을까? 그러면 세계는 우리에게 너무나 황폐한 것, 너무나 유령 같은 것이 되지는 않을까? 오히려 그 고통이 신념으로 바뀔 경우 **필연적인 것**인지 아니면 그 고통이 **잘못된** 의견과 평가에 의한 것인지에 관해 의문을 제기해보자. 사람들은 왜 자신의 신념에 충실한 자를 경탄하고, 자신의 신념을 바꾸는 자를 경멸하는 것일까? 나는 그 대답이 이런 것일까 봐 두렵다. 비천한 이익이나 개인적인 불안이라는 동기만이 그러한 신념의 변화를 초래하는 것이라고 모든 사람이 전제하기 때문이라는 대답 말이다. 말하자면 자신의 의견이 자신에게 유리하거나 또는 최소한 자신에게 아무런 해를 끼치지 않는 한 사람들은 그 누구도 자신의 의견을 바꾸지 않을 것이라고 근본적으로 믿고 있다. 만약 그렇다면, 그 믿음에는 모든 신념의 **지성적인** 의미와 관련하여 좋지 않은 증언이 들어 있는 셈이다. 신념이 어떻게 성립되는지를 한번 음미해보자. 그리고 신념이 너무 과대평가되어 있는 것은 아닌지 살펴보도록 하자. 이로부터 신념의 **변화** 역시 사정에 따라서는 잘못된 척도에 의해 측정되었고, 이제까지 이러한 변화로 인해 우리가 너무 많이 고통을 받아오곤 했다는 사실이 밝혀지게 될 것이다. 『인간적인 너무나 인간적인』 | **238**

- - - -

　다양한 신념을 두루 거쳐온 것이 아니라 최초에 엉켜든 믿음의 그물에 매달려 있는 사람은 어떤 경우이든지 간에 바로 그 불변성 때문에 **낙후된** 문화의 대표자다. 그는 이러한 교양(이것은 항상 조

형 가능성을 전제한다)이 결여되어 있어 완고하고, 무분별하고, 납득시키기 어렵고, 온화함이 없고, 영원한 의혹자이고, 자신의 의견을 관철하기 위해 온갖 수단을 사용하는 무모한 사람이다. 왜냐하면 그는 다른 의견이 있을 수 있다는 사실을 전혀 이해하지 못하기 때문이다. 이러한 점에서 볼 때 어쩌면 그는 어떤 힘의 원천이고, 지나치게 자유롭고 느슨한 문화에서는 심지어 치유적인 존재일 수도 있다. 그러나 그것은 그가 강하게 자극함으로써 그에게 대항하는 경우에만 그럴 수 있다. 왜냐하면 새로운 문화는 그와 싸움을 치를 수밖에 없을 것이고, 그럼으로써 이 새로운 문화의 나약한 구조는 스스로 강해질 것이기 때문이다. 『인간적인 너무나 인간적인』 | **239**

- - - -

　'강한 성격' ― "나는 한 번 말한 것은 반드시 한다." 이러한 사고방식은 강한 성격으로 간주되고 있다. 가장 이성적인 행위로서 선택되었기 때문이 아니라 일단 마음에 떠올랐을 때 어떤 방식으로든 우리의 명예욕과 허영심을 자극했기 때문에 얼마나 많은 행위가 맹목적으로 수행되고 있는가! 그리고 우리는 얼마나 그 행위들에 집착하고 맹목적으로 수행하고 있는가! 그리하여 그 행위들은 우리 내면에서 자신의 성격과 선량한 양심에 대한 믿음, 즉 전체적으로 볼 때 우리의 힘에 대한 믿음을 증가시킨다. 그 반면에 가능한 한 이성적인 것을 선택하면, 우리 내면에 자신에 대한 회의 그리고 그만큼의 약한 감정이 존속하게 된다. 『아침놀』 **240**

- - - - -

고집과 성실 ─ 그는 고집스럽게 이미 자신이 명확하게 파악한 일에 집착한다. 그러면서 이것을 '성실'이라고 부른다. 『즐거운 학문』**241**

- - - -

고정된 평판 ─ 이전에는 고정된 평판이 매우 유용한 것이었다. 그리고 사회가 여전히 무리를 지으려는 본능에 의해 지배당하고 있는 곳에서는 자신의 성격과 활동이 변함없다는 **인상을 주는 것** ─ 비록 본래는 그렇지 않다 할지라도 ─ 이 아직도 매우 유익하다. "그 사람은 믿을 수 있어. 그 사람은 한결같아." 이것이 모든 위험한 사회적 상황들에서 살아가는 인간에게 지극히 중요한 칭찬의 종류다. 우리 사회는 이런 사람의 미덕, 저런 사람의 야망, 또 다른 사람의 사색과 열정 안에서 어떤 신뢰할 만하고 항상 준비된 **도구**를 손에 넣을 수 있다는 데 만족을 느낀다. 우리 사회는 견해와 노력, 심지어 악덕에서조차 이러한 **도구적 본성**, 성실성, 불변성이 나타날 때 최고의 경의를 표한다. 그러한 평가는 풍습의 윤리가 있는 곳에서는 어디에서나 번성해왔고 또 번성하고 있는데, 그러한 평가가 '성격들'을 길러왔으며, 모든 변화와 개혁과 자기 변신을 **악평**해왔다. 이러한 사고방식이 가져다주는 이익이 아무리 크다고 할지라도 **인식**을 추구하는 데는 가장 유해한 종류의 일반적 판단이다. 왜냐하면 지금까지 자신의 견해에 대해서조차 주저하지 않고 **반대** 의견을 표명하고, 우리 안에 **고정**되어 있는 모든 것에 대해 의문을 갖는 인식자의 선한 의지가 여기에서는 유죄가 되거나 악평을 얻기 때문이다. 『즐거운 학문』 **242**

- - - - -

철학적 성향이라는 것 — 사람들은 흔히 모든 삶의 상태와 사건에 대해 **하나의** 심적 태도나 **한** 종류의 견해를 구하려고 애쓴다. 사람들은 이것을 주로 '철학적 성향'이라고 일컫는다. 그러나 인식의 풍성함을 위해서는 이러한 방식으로 자신을 획일화할 것이 아니라 다양한 삶의 상태의 낮은 목소리에 귀를 기울이는 편이 훨씬 더 가치 있을 수 있다. 이것은 그들에게 독자적인 견해들을 가져다준다. 사람들이 이처럼 자기 자신을 고정되고 불변하는 하나의 개인으로 다루지 않는다면, 수많은 삶과 본질에 대해 관심을 가지면서 인식할 수 있게 된다. 『인간적인 너무나 인간적인』 **243**

- - - - -

역사가의 행복 — "만약 우리가 궤변을 늘어놓는 형이상학자와 배후세계론자의 말을 듣는다면, 그들과 다른 인간인 우리는 자신이 '가난한 정신의 소유자'라고 느낄 수도 있지만, 봄과 가을, 겨울과 여름의 변화가 있는 천국은 우리의 것이고, 잿빛이고 차갑고 끊임없는 잿빛 안개와 그림자가 있는 저 배후세계는 그들의 것임도 느낄 것이다." 아침 햇살 속을 거닐던 어떤 사람이 이렇게 자신에게 말했다. 그는 역사 속에서 정신뿐만 아니라 마음도 항상 새롭게 변해가고 있다는 것을 느끼는 사람이고, 또한 형이상학자와는 반대로 '하나의 불멸하는 영혼'이 아니라 **죽을 운명에 처한 수많은 영혼**이 자신 안에 살고 있다는 것을 행복하게 여기는 사람이다. 『인간적인 너무나 인간적인』 II **244**

- - - -

우리는 **하나의 유일한** 상태를 원해서는 안 되고, **순환하는** 존재들이 되기를 원해야 한다. 삶과 **마찬가지로** 말이다. 『유고』(1882년 7~8월) **245**

- - - -

그대의 삶의 상태와 우연을 깨끗이 다 빨아내어라 ― 그리고 다른 것으로 넘어가라! **하나의 인간으로** 존재하는 것이 비록 불가피한 시작이라 할지라도 그것만으로는 충분치 않다! 그것은 결국 그대들에게 제한을 두라고 요구하는 것을 의미할 뿐이다! 그러니 한 인간으로부터 다른 인간으로 넘어가고, **다수의 존재를** 두루두루 차례로 살아보라! 『유고』(1881년 봄~가을) **246**

- - - -

썰물과 밀물의 이용법 ― 우리가 무엇인가를 알기 원한다면, 우리를 어떤 일로 끌고 가고 얼마 뒤에는 우리를 그 일에서 다시 끌고 나오는 저 내면의 흐름을 잘 이용할 줄 알아야 한다. 『인간적인 너무나 인간적인』 I **247**

비판을 위해 ― 그대가 과거에 진리 혹은 개연성이 높은 것으로 사랑했던 어떤 것이 지금에 와서는 오류로 생각되고 있다. 그대는 그것을 배척하고 마치 그대의 이성이 승리를 거둔 것 같은 망상에 사로잡힌다. 하지만 그 같은 오류는 그대가 다른 사람 ― 그대는 항상 다른 사람이다 ― 이었던 그 당시에 어쩌면 지금 그대의 모든 '진리'와 마찬가지로 그대에게 반드시 필요했을 것이다. 말하자면 그것은 그대가 당시까지 보아서는 안 되었던 많은 것을 덮어주고 가려주는 피부 같은 것이었다. 그대를 위해 그러한 의견을 죽인 것은 그대의 이성이 아니라 그대의 새로운 삶이다. **그대는 더 이상 그 의견을 필요로 하지 않으며,** 이제 그것은 스스로 붕괴한다. 그리고 비이성이 그것으로부터 벌레처럼 기어 나와 빛을 보게 되었다. 우리가 어떤 것을 비판할 때는 자의적이거나 비개인적인 것이 아니다. 그것은 살아있는 충동의 힘이 우리 안에 존재하고 있고, 이 힘이 피부 허물을 벗기는 것이라는 사실을 적어도 매우 가끔은 증명한다. 우리는 부정하고, 부정해야 한다. 왜냐하면 어떤 것이 우리 안에 살기를 원하고 자신을 긍정하길 원하기 때문이다. 우리가 어쩌면 아직까지 알지 못하고 아직까지 보지 못한 어떤 것 말이다! 내가 비판을 위해 말하고 싶었던 것은 이것이다. 『즐거운 학문』**248**

- - - - -

이해하기 어려운 우리 ― [...] 사람들은 우리를 혼동한다. 우리는 성장하고 계속 변화하며 낡은 허물을 벗기 때문이다. 우리는 매년 봄마다 새 껍질을 입으며, 점점 더 젊어지고 더 미래적이 되고 더 높아지고 더 강해지기 때문이다. 우리는 더 강력하게 깊은 곳 — 악(惡) — 으로 우리의 뿌리를 내린다. 동시에 우리는 더 커다란 사랑으로 더 넓게 팔을 벌려 하늘을 포옹하고, 우리의 모든 가지와 잎을 통해 더 크게 갈망하고, 하늘의 빛을 빨아들인다. 우리는 나무들처럼 자란다. 이는 모든 삶이 그런 것처럼 이해하기 어려운 일이다! 한 장소만이 아니라 모든 곳에서, 마찬가지로 한 방향이 아니라 위로, 밖으로, 안으로, 아래로 자란다.　『즐거운 학문』**249**

- - - -

허물을 벗는다 — 허물을 벗을 수 없는 뱀은 파멸한다. 의견을 바꾸는 것을 방해받은 정신들도 마찬가지다. 그들은 정신이기를 그만둔다.　『아침놀』**250**

- - - -

유령 같은 친구들 — 우리 자신이 심하게 변할 때, 변하지 않은 친구들은 과거의 유령이 된다. 그들의 목소리는 우리에게 그림자처럼 몸서리치게 들린다. 우리 자신의 목소리를 듣고 있지만, 마치 더 젊고 더 딱딱하고 더 미숙한 목소리를 듣는 것처럼 말이다.　『인간적인 너무나 인간적인』 II **251**

- - - -

[카를 푹스(Carl Fuchs)에게, 1887년 12월 14일]

내 나이가 지금 실제로 몇 살이란 말인가? 나는 그것을 잘 모르겠다. 내가 얼마나 더 젊은이로 있을 것인지도 잘 모르겠다.

『편지』 **252**

"
그대의 눈이 보는 것이라면,
말할 때는 입을 사용하라.
'나는 그것을 다르게 보았다'
"

긴장을 참고
견디는 것

자신과 자신의 신념을 항상 의심해보고 수정하기도 하는 용기를 가진다면, 낯선 입장을 존중하는 능력을 가질 수 있다. 또한 우리는 이러한 용기를 통해 타자를 존중할 수 있게 됨과 동시에 타자의 입장과 비교하면서 그때마다 자신의 입장을 좀 더 명확하고 강하게 할 수 있으며 심화시킬 수도 있다.

그 외에도 변화를 모색할 능력은 '과도기의 상황'으로 나타나는 이 시대를 더 잘 이해할 수 있게 해준다. 이 시대는 과거의 것과 새로운 것이 그 어느 때보다 훨씬 더 격렬하게 충돌하는 시대다. 그리고 이 시대는 서로 다른 세계관들, 신념들, 이념들, 문화사조들이 빠르게 연속되거나 다양하게 갈등하면서 병존하고 있어 사람들은 안정적이며 지속적인 삶의 방향성을 찾는 데 어려움을 겪을 뿐만 아니라 혼동 상황에서 침몰하고 있다는 공포의 감정에도 쉽게 사로잡힌다.

그러나 이미 수많은 의견과 신념과 믿음을 자발적으로 겪어 본 사람이 있다면, 많이 체험하고 많이 이해하고 자기 자신에게서 다시 벗어난 사람이 있다면, 그는 모든 관점이 지니고 있는 상대성을 잘 알고 있을 것이다. 그는 마치 춤추는 사람처럼 아마도 경쾌함과 유연함으로 도약해나갈 것이다. 이러한 경쾌함과 유연함은 그에게 삶에 관한 서로 다른 입장 사이에서 이리저리 동요하는 것이 아니라 춤추는 사람 같은 균형을 유지하는 것을 틀림없이 허락할 것이다. 니체에 따르면, 고귀한 문화의 토대는 특히 자신의 입장을 절대화하는 온갖 형태의 세계관에 맞서 그러한 절제된 놀이를 하는 과정 속에서 마련된다고 한다.

절망적인 진보에 대한 위로의 말 ─ 우리 시대는 어떤 과도기 상황이라는 인상을 보여준다. 과거의 세계관과 문화는 여전히 부분적으로 남아 있고, 새로운 문화는 아직 확실하지 않고 익숙하지도 않다. 그렇기 때문에 완결성과 일관성이 없다. 이것은 마치 모든 것이 혼돈 속에 빠져 있고, 과거의 것은 잃어버렸으며, 새로운 것은 아무 쓸모없이 갈수록 더 약해져가는 것처럼 보인다. [⋯] 우리는 지금 흔들리고 있다. 그러나 그것 때문에 불안해한다든가 새로 얻은 것을 포기할 필요는 없다. 게다가 우리는 과거의 것으로 되돌아갈 수도 없는 노릇이다. 우리는 이미 배를 불태워버리고 말았다. 이런 일 아니면 저런 일이 벌어진다 하더라도 이제부터는 용감해지는 것밖에는 별다른 도리가 없다. 『인간적인 너무나 인간적인』 | **253**

- - - - -

춤에 대한 비유 ─ 어떤 사람이 인식에서 순수성과 엄밀성을 지키기 위한 힘과 유연성을 지니고 있다면, 그와 동시에 어떤 사람이 다른 순간에서는 시와 종교 그리고 형이상학에, 이를테면 백 걸음 정도의 여유를 준 후에 이것들의 힘과 아름다움을 느낄 수 있다면, 이것이야말로 오늘날 위대한 문화의 핵심적인 징후로 간주될 수 있다. 이러한 입장을 서로 다른 두 가지 요구 가운데서 취하기란 매우 어려운 일이다. 왜냐하면 학문은 자신의 방법이 절대적으로 지배하기를 압박하고 있기 때문이다. 하지만 이 압박은 관철되지 않았으므로 학문이 서로 다른 충동 사이에서 무기력하게 위

아래로 동요하는 또 다른 위험이 발생한다. 어쨌든 이 같은 어려운 문제의 해법을 하나의 비유를 통해 한 번 찾아보도록 하자. **춤**은 서로 다른 충동 사이에서 지쳐서 이리저리 비틀거리는 것이 아니라는 사실을 연상해보면 알 수 있다. 높은 문화는 모험적인 춤과 유사하게 보일 것이다. 그렇기 때문에 앞서 말한 바와 같이 많은 힘과 유연성이 필요하다. 『인간적인 너무나 인간적인』 | **254**

- - - -

이성을 지나치게 내세우는 자는 이로 인해 또다시 온갖 종류의 신비주의나 어리석음 같은 대립되는 힘에 새로운 위력을 부여하게 된다. 『유고』(1883년 여름) **255**

- - - -

선한 인간 혹은 덕의 반신불수 ─ 강하면서도 자연적인 본성을 간직하고 있는 모든 유형의 사람은 사랑과 증오, 감사와 복수, 선의와 분노, 긍정의 행위와 부정의 행위 두 가지 모두를 가지고 있다. 사람들은 악해질 줄도 아는 대가를 치르고서야 선해질 수 있다. 사람들이 악한 것은 그렇지 않으면 선하다는 것이 무엇인지를 이해하지 못하기 때문이다. 그렇다면 이러한 이중성을 거부하는 병들고 이데올로기적인 반자연(反自然), 즉 오직 한쪽 면에서만 유능해지는 것이 더 고귀하다고 가르치는 반자연은 어디에서 유래한 것일까? 덕의 반신불수, 즉 선한 인간에 대한 날조는 어디에서 유래한 것일까? [···]

이러한 가치관이 절정에 도달하게 되면, 이 가치관은 모든 악이 제거되고 오직 선한 존재만 남아 있는 상태를 생각해낼 것이다. 따라서 이 가치관은 선과 악이라는 대립관계가 서로를 조건으로 하면서 존재한다는 것을 단 한 번도 확실한 사실로 받아들이지 않는다. [⋯]

특정한 유형의 인간을 사육하는 이러한 사유방식은 불합리한 전제에서 출발한다. 그것은 선과 악을 서로의 모순 속에 존재하는 실재성으로 간주하는 것이다(상호 보완적인 개념으로 간주하지 않는다. 이렇게 보는 것이 진리일 텐데 말이다). 그것은 선한 인간의 편을 들기를 권하고, 선한 인간이 악한 인간에게 그 최종 뿌리까지 반대하고 저항할 것을 요구한다. 이로써 사실상 그것은 자신의 본능 안에 긍정과 부정 모두를 지니고 있는 **그러한 삶을 부정하는 것이다.**　『유고』(1888년 봄) **256**

- - - - -

진리의 전제정치에 대항하여 ― 우리 자신의 모든 의견을 진리로 생각할 정도로 그렇게 어리석은 자가 된다고 할지라도 오직 우리의 의견들만 존재하기를 바라지는 않을 것이다. 나는 진리가 혼자서 지배하고 전권을 행사하는 것이 어째서 바람직한 것인지 모르겠다. 진리가 **큰 힘**을 가진다는 것만으로도 내게는 이미 충분하다. 그러나 진리는 싸움의 대상일 수 있어야 하고 적을 가질 수 있어야 한다. 우리는 때때로 진리에서 벗어나 진리가 아닌 것에서 원기를 회복할 수 있어야 한다. 그렇지 않으면 진리는 우리에게 지루하고 무력하고 무미건조한 것이 된다. 우리 역시 바로 그러한 존재가 될 것이다. 『아침놀』**257**

- - - -

신과 같은 웃음이 무엇인지를 아는 사람이 여전히 많이 있기를 기대해본다. 이 웃음이 생겨나는 때는 다른 사람이 자신의 취향을 공유하지 못한다는 사실을 누군가가 알고 안심했을 때다.
『유고』(1880년 봄) **258**

- - - -

사상가는 자신의 적을 어디까지 사랑하는가 — 그대의 사상과 반대될 수 있는 생각은 그 어떤 것이든지 간에 결코 억누르지 말고 입을 막지 말라! 굳게 맹세하라! 그것은 사유의 첫 번째 정직성에 속한다. 그대는 날마다 자기 자신에 대한 투쟁을 벌여야 할 것이다. 『아침놀』**259**

- - - -

사상가가 자신의 인식을 자신의 생산물이라고 생각하는 한, 저 우스꽝스러운 아버지의 허영심이 그 사상가 안에서 여전히 미친 듯이 날뛰고 있는 한, 그것에 대한 논박은 철학자의 가시 면류관이 될 것이다. 그 얼마나 많은 철학자가 이것을 써야 했던가! 그렇기 때문에 진리의 친구이자 기만당하는 것의 적대자, 즉 독립성의 친구는 논박하면서 소리 높여 외쳐야 할지도 모른다. 하마터면 나 자신의 덫에 걸릴 뻔했지만, 다행히도 크나큰 위험에서 빠져나

왔다고 말이다. 『유고』(1880년 봄) **260**

- - - - -

　모순될 수 있다는 것 ― 모순을 참고 견뎌낼 수 있다는 것이 고급문화의 징후라는 사실을 지금은 누구나 알고 있다. 그뿐만 아니라 고귀한 인간은 자신에 대해 모순을 원하고 모순을 야기하는데, 그것은 자신이 아직 모르는 자신의 부정의에 대한 실마리를 얻기 위해서라는 사실도 소수의 사람들은 알고 있다. 그리고 **모순될 수 있다는 것**은 관습적인 것, 전승된 것, 신성시되는 것에 적대감을 가질 때 품는 **선한** 양심이다. 이것이 위의 두 경우보다 더 중요하다. 그리고 이것이 우리 문화의 진정한 위대함이고 새로움이고 놀라움이고, 해방된 정신이 걸어온 가장 중요한 걸음이다. 누가 이것을 알겠는가? 『즐거운 학문』**261**

- - - - -

　순전히 힘의 문제들이다 ― **사회**를 유지하는 조건과 사회의 편견에 맞서 자기 자신을 어디까지 관철시킬 것인가? 대다수 사람들을 몰락하게 만드는 **그들 자신의 두려운 특성을** 어디까지 해방시킬 것인가? 진리에 어디까지 다가갈 것인가? 그것의 가장 의문스러운 면에 어디까지 마음을 열어둘 것인가? 고통, 자기 경멸, 동정, 병, 악덕에 어디까지 다가갈 것인가? 이것들을 지배할 수 있을까? 이러한 의문부호와 함께 말이다. [⋯] 끝으로, 평균적 본성이 지니고 있는 규칙성, 평범함, 비소함, 선함, 정직성을 어디까지 옳다고 인정할 것인가? 자기 자신은 그것으로 인해 천박해지지 않으면서도 말이다. 『유고』(1887년 가을) **262**

- - - -

경멸의 불길 속에서 — 어떤 사람이 마음에 품고 있는 것만으로도 치욕으로 간주되는 견해를 이제 비로소 말하려고 한다면, 그것은 독립으로 향하는 하나의 새로운 발걸음이다. 물론 그때 친구와 지인들은 대체로 걱정할 것이다. 천부적인 재능을 지닌 사람은 이러한 불길을 통과해야 한다. 그 후에 그들은 자기 자신에게 훨씬 더 많이 귀속할 수 있게 된다. 『인간적인 너무나 인간적인』 I **263**

- - - -

가장 영향력 있는 사람 — 한 인간이 자신의 시대 전체에 저항하면서 그 시대를 문 앞에 세워 결산을 요구한다면, 이는 **반드시** 어떤 영향을 미칠 것이다! 그가 그것을 **바라고 있는지**는 중요하지 않다. 그가 그러한 일을 **할 수 있는지**가 중요하다. 『즐거운 학문』 **264**

- - - -

공격할 것인가, 간섭할 것인가 — 우리는 흔히 어떤 경향이나 어떤 당파나 어떤 시대를 격하게 적대시하는 과오를 범하곤 한다. 왜냐하면 흔히 그것의 표피적인 측면만 보거나, 그것의 제대로 발휘되지 못한 측면만 보거나, 거기에 필연적으로 함유되어 있는 '덕의 결함'만 보기 때문이다. 아마도 우리 자신이 이러한 일을 주로

해왔기 때문일 것이다. 그때 우리는 그것에 등을 돌리고, 그것과 정반대되는 경향을 추구하게 된다. 그러나 더 좋은 것은 그것의 강하고 좋은 면을 찾아내거나 자기 스스로 완성하는 것이다. 물론 더 강한 시선과 더 좋은 의지를 필요로 하는 것은 불완전성을 통찰하고 부정하는 일이 아니라 불완전한 것을 보완하고 발전을 만들어내는 일일 것이다. 『인간적인 너무나 인간적인』 I **265**

- - - -

망치게 된다 ― 청년에게 다른 생각을 하는 사람보다 같은 생각을 하는 사람을 더 높이 존경하라고 지도한다면, 그것은 그 청년을 가장 확실하게 망치는 길이다. 『아침놀』 **266**

- - - -

사랑과 이원성 ― 다른 사람이 우리와 다른 방법으로 혹은 정반대의 방법으로 살고 일하고 느낀다는 것을 이해하고 또 그것에 기쁨을 느끼는 것이 사랑이 아니라면 도대체 무엇이 사랑이란 말인가? 사랑은 대립 관계를 기꺼이 극복하길 원할 수도 있다. 그렇다고 해서 사랑이 대립 관계를 제거하거나 부인해서는 안 된다. 심지어 자기애조차 하나의 동일한 인격 속에 한데 섞일 수 없는 이원성(또는 다원성)을 포함하고 있다. 『인간적인 너무나 인간적인』 II **267**

12

"
우리는 우리 자신에 오래 머물 것이다.
우리는 그 안에서 성장해야 한다!
"

자아와
타인들

니체는 타인과의 관계를 가장 중요한 개인의 양육과 성장의 조건으로 이해한다. 이 관계들은 하나씩 하나씩 형성되어 간다. 우선 우리는 타인의 이질성에 대해 감각중추, 즉 감각능력을 발달시켜야 한다. 이러한 능력을 통해 타인의 이질성을 인내로 대하는 마음을 준비할 것이고, 언젠가는 이질성의 고유한 아름다움을 이해할 것이며, 결국에는 이러한 이질성이 계속 존재하기를 바라는 마음까지 갖게 될 것이다. 이러한 과정 속에서 사랑을 배우게 되고, 기쁨을 느끼는 것은 물론 기쁨을 만들어내기도 한다. 이처럼 우리는 '이중의 기쁨'이라는 선물을 받는다.

그런데 니체에 따르면, 타인을 사랑하는 능력은 반드시 자기 자신을 사랑하는 능력을 전제한다고 한다. '이기주의자'가 아닌 사람은, 말하자면 자기 자신을 긍정하거나 사랑할 수 없는 사람은, 자기 자신을 경멸하고 미워하는 사람은 함께 살아가는 타인을 진실로 사랑할 수 없다. 그는 자존감의 결핍 때문에 타인들에게 위험한 존재가 될 수 있다. 왜냐하면 그는 비참함이라는 감정에서 벗어나기 위한 수단으로 타인을 경시하는 수단 이외에 다른 수단은 별로 알지 못하기 때문이다. 그리고 만약 자기 자신이 부재하는 (Selbstlosigkeit) 상태라면, 사람들은 자기 자신을 사랑하는 데 진정한 노력을 전혀 기울이지 못할 것이다.

니체는 '인간관계'라는 주제에 대해 사유했다. 이 사유는 심리 과정에 대한 폭넓은 관심에 따라 전개되었지만, 그뿐만 아니라 인식론적 관점에서도 이루어졌다. 이 철학자는 "우리가 우리의 이웃으로부터 알고 있는 것은 도대체 무엇일까?"라고 묻는다. 우리는 언젠가 이웃의 가장 내적인 본질에 진실로 접근할 수 있을까? 아니면 이웃은 우리가 그것에 투사 — 투사는 우리 안에서 일어나는 감정과 반작용으로부터 생겨난다 — 한 것으로부터 만들어지는 표상에 불과한 것일까? 니체는 모든 인간관계는 결국 이런 식으로 일종의 기만과 자기기만에 근거할 것이라고 생각한다. 하지만 니체의 이러한 생각이 체념 쪽으로 나아가는 것은 아니다. 오히려 긍정적인 가능성을 제시한다. 한편으로 우리는 우리 주위에 결국 어떤 수수께끼로 남을 수밖에 없다는 자각 속에서, 우리에 대한 주위 판단에 의존하는 태도에서 더 쉽게 벗어날 가능성이다. 다른 한편으로, 그러한 가능성의 관점에서 쉽게 떠오르는 생각은 타인을 판단할 때 신중해야 하고, 또한 타인이란 여전히 발견되어야 할 존재라는 자각 속에서 겸손하게 타자를 만나야 한다는 것이다.

- - - -

사랑하는 법을 배우는 것 — 인간은 사랑하는 법과 친절을 베푸는 법을 배워야 한다. 그것도 젊을 때부터 배워야 한다. 만약 교육과 우연이 우리에게 이러한 감각을 훈련할 기회를 제공하지 않는다면, 우리의 영혼은 메마를 것이고 애정 깊은 사람들의 섬세한 감각을 이해하는 데도 적합하지 못할 것이다. 마찬가지로 만약 어떤 사람이 강렬한 증오를 품는 사람이 되고자 한다면, 증오를 배우고 키워야 한다. 그렇지 않으면 그것의 씨앗 역시 조금씩 죽어갈 것이다. 『인간적인 너무나 인간적인』 **268**

- - - -

사랑하는 것을 배워야 한다 — 음악을 통해서는 우리에게 이런 일이 일어난다. 우선 전체 주제와 선율을 듣는 것을 **배워야** 한다. 즉 소리를 골라 듣고, 구분하고, 독립된 생명으로 분리해서 경계를 정해주는 것을 배워야 한다. 그런 다음에는 그것을 **견뎌내려는** 노력과 의지가 필요하다. 주제와 선율이 낯설지라도 그 눈길과 표현을 참아내고, 그 기이함을 부드러운 마음으로 받아들여야 한다. 그리고 결국 우리가 그것에 **익숙해지고**, 기대를 품고, 그것이 없으면 아쉬워할 것이라고 예감하는 순간이 찾아온다. 이제 음악은 자신의 힘과 마력을 계속해서 발휘한다. 그래서 우리가 음악에 굴복당해 공손하게 매혹된 연인이 되어 이 세상에서 음악만을 원하며, 다른 어떤 것도 이보다 더 나은 것은 없다고 여기기 전까지는 음악이 끝나지 않는다. 하지만 이러한 일이 음악에서만 일어나는 것은 아니다. 우리가 지금 사랑하고 있는 모든 것에 대해서도 그런 방식으로 사랑하도록 **배워왔다.** 결국 우리는 낯선 것에게 베푼 선의와 인내, 공정함과 온후함에 대해 언제나 보답을 받는다. 왜냐하면 낯선 것이 서서히 자신의 베일을 벗고 이루 말할 수 없이 새롭고 아름다운 자신의 모습을 드러내기 때문이다. 이것이 바로 그 낯선 것이 우리의 환대에 대해 보내는 **감사다.** 자기 자신을 사랑하는 사람도 이러한 길을 거쳐 사랑을 배웠을 것이다. 왜냐하면 그 외에 다른 방법이 전혀 없기 때문이다. 사랑도 배워야 하는 것이다. 『즐거운 학문』**269**

- - - -

타인의 독창성을 모방하는 것이 아니라 그 독창성에 기뻐하는 것이 언젠가는 새로운 문화의 특징이 될지도 모른다. 『유고』 (1880년 봄) **270**

- - - -

아름다움의 나라는 더 크다 — 우리는 모든 것에서 고유한 아름다움을 발견하기 위해, 말하자면 그 아름다움을 현장에서 붙잡기 위해 자연 속을 영리하게 또한 즐겁게 돌아다닌다. 어떤 때는 햇빛 아래서, 어떤 때는 폭풍우가 올 것 같은 하늘 아래서, 어떤 때는 거의 사라져가는 황혼 아래서 바위와 후미진 곳이 있고 올리브 나무와 소나무가 자라고 있는 해변의 한 곳이 완전한 걸작에 도달하는 것을 보려고 한다. 또한 우리는 인간의 발견자이자 감시자로서 그들의 선함과 악함을 실제로 보여주면서 인간 사이를 돌아다닌다. 이 사람의 경우는 햇빛 아래일 때, 저 사람의 경우는 폭풍우가 올 것 같을 때, 또 어떤 사람의 경우는 황혼이 질 무렵 비 내리는 하늘일 때, 비로소 그들 각각의 고유한 아름다움이 펼쳐지기 때문이다. **악한** 인간을 고유의 대담한 선과 빛의 효과를 가진 야생의 자연 풍경처럼 **즐기는 것**은 정말 금지되어 있는가? **악한** 인간이 합법적으로 선량하게 처신한다면, 이 악한 인간은 우리의 눈에 잘못된 묘사나 캐리커처처럼 보일 것이고 또한 자연 속의 오점(汚點)처럼 우리의 고민거리가 될 테지만 말이다. 그렇다. 그것은 금지되어 있다. 이제까지 아름다움을 찾는 것은 **도덕적으로 선한 것에서만** 허용되어 있었다. 이것이 우리가 아름다움을 거의 발견하지 못했고 그렇게 실체 없는 공상적인 아름다움을 찾아 헤매야 했던 충분한 이유다! 악한 인간에게는 덕이 있는 사람들이 전혀 예감하지 못하는 백 가지 행복이 있음이 분명하다. 마찬가지로 악인에게는 백 가지 아름다움 역시 존재한다. 그러나 많은 것이 아직도 여전히 발견되지 못했다. 『아침놀』 **271**

- - - -

우리는 우리 자신에 오래 머물러 있을 것이다. 그 안에서 우리는 성장할 것이고 더 부유해져야 할 것이다! 우리는 낯선 것에 대한 즐거움을 양식(糧食)으로 가질 것이다. 그야말로 **양식에 대한 즐거움은 필요하다.** 인간에 대한 즐거움은 우리의 양식이다. 그렇기 때문에 인간에 대한 즐거움은 반드시 필요하다. 『유고』(1880년 가을) **272**

즐거움과 사회적 본능 — 인간은 다른 사람과의 관계에서 새로운 종류의 **즐거움**을 얻고, 자기 자신에게서 얻는 즐거움에다가 그 즐거움을 덧붙인다. 그렇게 함으로써 즐거움의 영역을 전체적으로 뚜렷하게 확장시켜나간다. [...] 인간관계를 바탕으로 한 즐거움은 일반적으로 인간을 더욱더 훌륭하게 만든다. 공동의 즐거움, 즉 함께 기뻐했던 즐거움은 즐거움의 감정을 더욱 강하게 해준다. 그것은 개인에게 자신감을 심어주고 선량하게 만들며 불신감과 질투심을 해소한다. 왜냐하면 그는 자기 자신이 유쾌함을 느끼고 있음과 동시에 다른 사람도 같은 방식으로 유쾌함을 느끼는 것을 보기 때문이다. **같은 방식으로 즐거움을 표현**하는 것은 동감의 환상을 불러일으킨다. 감정은 똑같은 것이라는 동감의 환상 말이다. 이것은 공동의 고통, 공동의 악천후, 위험, 적 등에도 마찬가지로 적용된다. 바로 이것을 기초로 해서 태초부터 동맹이 잘 결성되었다. 동맹의 의미는 모든 개인의 이익을 위해 위협을 가하는 불쾌감을 공동으로 제거하고 방어하는 것이다. 이처럼 사회적 본능은 즐거움에서 성장해나온다. 『인간적인 너무나 인간적인』 | **273**

- - - -

사람들이 자신의 감각을 적절하게 잘 사용하길 바란다면, 사람들과의 매우 작은 접촉도 잘 활용할 줄 알아야 한다. 『유고』(1880년 초) **274**

- - - -

뒤떨어진 사람과 앞서가는 사람 ─ [···] 함께 기뻐하길 좋아하고, 어디서나 친구들을 사귀고, 생성하거나 성장하는 모든 것에 깊은 애정을 느끼고, 다른 사람의 모든 명예와 성공을 함께 즐거워하고, 진리를 혼자서만 인식하는 특권을 요구하기는커녕 매우 신중한 회의에 차 있는 성격은 인간의 높은 문화를 향해 분투하는 선구자적인 사람의 성격이다. 『인간적인 너무나 인간적인』 | **275**

- - - -

친구 ─ 친구를 만드는 것은 동정이 아니라 동감하는 즐거움이다. 『인간적인 너무나 인간적인』 | **276**

- - - -

하루의 첫 생각 ─ 날마다 하루를 잘 시작할 수 있는 가장 좋은 방법은 아침에 눈을 떴을 때 그날 적어도 한 사람에게 한 가지 즐거움을 줄 수 있을 것인지를 생각하는 것이다. 만약 이것이 종교적인 기도의 습관을 대체하는 대용물로 받아들여질 수 있다면, 그의 이웃들은 이러한 변화에서 이득을 보게 될 것이다. 『인간적인 너무나 인간적인』 | **277**

- - - -

다른 사람들을 즐겁게 하는 것 ─ 다른 사람들을 즐겁게 하는 것이 어째서 모든 즐거움 중에서 가장 좋은 것일까? 그것으로써 우리의 오십 가지 충동은 단번에 즐거움을 느끼기 때문이다. 하나하나는 매우 작은 즐거움일지 모른다. 하지만 그 모두를 한 손에 쥐게 된다면, 우리의 손은 그 어느 때보다 가득 차게 된다. 우리의 마음도 마찬가지다. 『아침놀』**278**

- - - -

가정의 평화와 영혼의 평화 — 우리의 일상적인 기분은 주위 환경 속에서 어떤 기분으로 지내는지에 달려 있다. 『아침놀』**279**

- - - -

가장 위험한 망각 — 사람들은 타인을 사랑하는 것을 망각하는 것에서 시작하고, 사랑할 만한 가치가 있는 것을 더 이상 발견하지 못하는 것에서 끝낸다. 『아침놀』**280**

- - - -

첫째, 순수하게 비이기적인 행위를 할 수 있는 존재에 관한 이야기는 불사조에 관한 이야기보다 더 우스꽝스럽다. 이것은 전혀 생각해볼 여지도 없는 것이다. 엄밀하게 검토해보면, '비이기적인 행위'라는 개념은 전적으로 허공에 흩어지고 말 것이기 때문이다. 어떤 사람도 오로지 다른 사람을 위해서만, 그리고 아무런 개인적인 동기도 없이 행위를 한 적이 결코 없었다. 어떻게 인간이 자신과 무관한 일, 다시 말해 내적 필요성(개인적인 욕구에 근거하는)이 없는 일을 할 수 있단 말인가? 자아 없이 어떻게 행위를 할 수 있단 말인가? [...] 여기서 리히텐베르크의 사상을 상기하는 것이 좋겠다. "사

람들이 말하는 것처럼 우리가 타인을 위해 **느낀다**는 것은 불가능한 일이다. 우리는 오직 자기 자신을 위해서만 느낄 뿐이다. 이 명제는 가혹하게 들릴지 모르지만, 올바르게만 이해된다면 그렇게 가혹할 것도 없다. 사람들은 아버지, 어머니, 아내, 자식을 사랑하는 것이 아니라 그들이 우리에게 안겨주는 즐거운 감각을 사랑한다." 『인간적인 너무나 인간적인』 **| 281**

- - - -

자신의 악마가 이웃 속에 들어가지 않게 하라! ─ 어쨌든 우리 시대는 호의와 친절이 좋은 인간을 만드는 요소라는 사실에 동의한다. 그러나 우리는 이 사실에다가 "그가 우선 **자기 자신에 대해** 호의적이고 친절한 마음을 갖고 있다는 사실이 전제될 경우!"라는 것을 추가해야 할 것이다. **이것이 전제되지 않으면**, 다시 말해 그가 자신으로부터 도망치고 자신을 미워하고 자신에게 해를 입힌다면, 그는 분명히 좋은 인간이 아니기 때문이다. 이때 그는 자기 자신으로부터 도망친 뒤 **타인들 속에서만** 자신을 구원한다. 타인들은 그가 아무리 호의적으로 보일지라도 해를 입지 않도록 주의하는 게 좋다! 바로 이것이다. 지금까지 사람들은 자아를 회피하고 자아를 미워하고 타인 안에서 타인을 위해 살았다. 사람들은 아무런 생각 없이 확신에 차서 그러한 삶을 '이타적인 것'으로, 따라서 '**좋은 것**'으로 불러왔다! 『아침놀』**282**

- - - -

사랑하도록 유혹한다 — 우리는 자기 자신을 미워하는 사람을 두려워해야 한다. 왜냐하면 그의 분노와 복수의 희생자가 될 수 있기 때문이다. 따라서 우리가 그를 어떻게 유혹하면 그가 자기 자신을 사랑할 수 있게 될는지를 생각해보자! 『아침놀』**283**

- - - -

타인과 세상에 대한 불만 — 실제로는 자신에게 불만을 느끼고 있으면서도 흔히 그러하듯이 타인에게 불만을 방출한다면, 근본적으로 우리의 판단을 흐리게 만들고 기만하기 위해 애쓰고 있는 셈이다. 우리는 타인의 실수와 결점을 통해 나중에 이러한 불만에 동기를 부여하려 하고, 이와 같이 자기 자신을 제대로 보려고 하지 않는다. 『인간적인 너무나 인간적인』 | **284**

- - - -

자신의 비참함을 넘어 높아지는 것 — 자신은 위신이 있는 중요한 사람이라는 감정을 만들어내기 위해 호통을 치거나 폭력을 가해도 되는 타인을 늘 필요로 하는 사람들, 이를테면 무력하고 비겁하기 때문에 어떤 사람이 자신 앞에서 거리낌없이 거만을 떨거나 화내는 행동을 보일지라도 허용할 수밖에 없는 그러한 타인을 늘 필요로 하는 사람들은 내게 자만심이 강한 사람들로 보인다! 그들은 잠시나마 자신의 비참함을 넘어 높아지기 위해 주위의 비참함을 필요로 한다! 그렇기 때문에 많은 사람들은 개를, 어떤 사람은 친구를, 어떤 사람은 여성을, 어떤 사람은 정당을 필요로 하고, 그리고 매우 드물지만 어떤 사람은 시대 전체를 필요로 한다. 『아침놀』**285**

- - - -

도대체 이웃이란 무엇인가 — 이웃이 우리와 접하는 경계 이외에, 말하자면 이웃이 우리 안에 자신을 기입하고 각인시킨 것 이외에 이웃에 대해 도대체 무엇을 알 수 있단 말인가? 우리는 이웃이 원인이 되어 **우리를 변화시킨 것** 이외에는 그 어떤 것도 이웃에 대해 알 수 없다. 이웃에 대한 우리의 지식은 움푹 들어간 **형태**의 공간과 비슷하다. 우리는 이웃의 행동이 우리 내면에 불러일으킨 감각을 이웃에게 덧붙인다. 그렇게 함으로써 이웃에게 정반대의 잘못된 실재성을 부여한다. 이웃을 우리에 관한 지식에 따라 형상화하고, 이웃을 우리의 천체 질서 중의 한 위성으로 만든다. 그리고 그것이 우리를 비추거나 어두워질 경우에도 — 우리가 이 양쪽 모두의 본래 원인임에도 — 우리는 그 반대를 믿는다! 우리는 환상의 세계 속에 살고 있다! 전도되었고 뒤집어져 있고 텅 비어 있음에도 **충만하고 올바르다는** 몽상 속에 있는 세계 말이다! 『아침놀』**286**

- - - -

우리는 깨어 있을 때도 꿈속에서와 같은 일을 한다. 우리는 우리가 교제하는 사람에 대해 우선은 어떤 것을 상상해내고 꾸며낸다. 그러고는 곧 그것을 잊어버린다. 『선악을 넘어서』**287**

- - - -

오랫동안의 사랑이 가능한 이유는 — 비록 그러한 사랑이 행복한 사랑이라 할지라도 — 한 인간을 끝까지 소유한다거나 또 끝까지 정복한다는 것은 쉬운 일이 아니기 때문이다. 새롭고 미처 발견되지 못한 영혼의 심연과 숨겨진 공간이 계속해서 열린다. 그러면 사랑의 무한한 소유욕은 여기에다가 팔을 뻗친다. 그러나 우리가 그 존재의 한계를 느끼게 되면, 사랑은 곧 끝나버리게 된다.

한 사람은 다른 사람을 완전히 소유했다고 믿지만, 상대방은 아직 그렇지 못한 데서 긴 정열과 짧은 정열 사이에 갈등이 생긴다. 이때 한 사람은 스스로 돌아서서 관계를 끊지만, 이제 이 **거리 두기** 때문에 상대방을 더욱 자극하게 되고 상대방에게 새로운 가치를 찾게 만든다. 결국에는 상대방을 다른 사람의 소유가 되게 하느니 차라리 그를 죽여버리겠다는 결심에 이르게 되는 일도 흔히 생긴다. 『유고』(1881년 가을) **288**

- - - -

우리가 계속해서 사랑하기를 원하는 것에 대해서는 대략 그것의 참된 가치 관점에서 평가해야 한다. 우리는 그것이 무엇인지를 완전하게 알 수는 없다. 지나치게 과장하는 자들에게는 화가 있을지어다! 요컨대 그가 지나치게 과장된 기분에서 그것의 반대되는 기분으로 빠지게 된다면, 그는 모든 보석을 잃게 될 것이다. 『유고』(1880년 여름) **289**

- - - -

감탄 속에 있는 위험 — 사람들이 타인의 덕에 대해 지나치게 감탄하면, 자신의 덕에 대한 감각을 잃어버릴 수 있다. 그리고 훈련이 부족하게 되면, 심지어는 자신의 덕을 결국 잃어버릴 수도 있다. 그렇다고 그 보상으로 타인의 덕을 얻는 것도 아니다. 『인간적인 너무나 인간적인』 II **290**

- - - -

친구에 대해 — 가장 친하게 알고 지내는 사람들 사이에서조차 얼마나 감정이 다르며 또 얼마나 의견이 분열되어 있는지를 너 자신의 경우에 비추어 한번 생각해보라. 동일한 의견들조차 너의 머릿속에 비하면 네 친구의 머릿속에서는 얼마나 다른 입장과 강도를 갖고 있는지, 오해라든가 적대적으로 갈라서게 만드는 동기가 얼마나 많은지에 대해 숙고해보라. 이 모든 것을 하고 나면, 너 자신을 향해 이렇게 말할 것이다. 우리의 모든 동맹과 우정이 토대로 하고 있는 이 땅은 얼마나 불안정한 것인가! 차가운 폭우와 험악한 날씨는 얼마나 가까이 다가와 있는가! 그리고 인간은 얼마나 고독한 존재란 말인가! 어떤 사람이 이것을 깨닫게 되면, 게다가 이웃의 모든 의견과 그 의견들의 종류와 강도가 이웃의 행동들과 마찬가지로 필연적이고 책임이 없다는 것을 깨닫게 되면, 그는 성격과 직무, 재능과 환경 등에 불가분 얽혀 있을 수밖에 없는 그 의견들의 내적 필연성을 볼 수 있을 것이다. 그렇기 때문에 그는 현자들이 "친구들이여, 친구라는 것은 존재하지 않는다네!"라고 외쳤을 때의 그 비참하고 준엄한 느낌에서 아마도 벗어날 수 있을 것

이다. 오히려 그는 고백할 것이다. 친구라는 것은 분명히 있다. 그러나 그 친구들을 너에게 데려온 것은 너에 대한 그 친구들의 오류와 망상이다. 그리고 그들이 너의 친구로 계속 머물러 있기를 바란다면, 그들은 반드시 침묵하는 것을 배워야 한다. 왜냐하면 그러한 인간관계는 몇 가지 일에 대해서는 결코 말하지 않을 뿐만 아니라 거의 언제나 결코 들추지 않는 것에 근거를 두기 때문이다. 그러나 이 작은 돌들이 구르기 시작하면, 우정은 그것들을 뒤쫓다가 깨지고 말 것이다. 자신이 가장 믿고 있는 친구가 자신에 대해 진실로 어떻게 생각하는지를 알았을 때, 치명적으로 상처받지 않을 사람이 있겠는가? 우리가 우리 자신을 인식하게 되면, 우리 자신의 본질을 의견과 기분에 의해 변화되는 영역으로 이해한다면, 그래서 우리가 그 본질이라는 것을 어느 정도는 경시할 줄 알게 된다면, 우리 자신을 다시 타인들과의 균형 속으로 되돌릴 수 있을 것이다. 『인간적인 너무나 인간적인』 | **291**

- - - - -

두 사람 사이의 대화 ― 두 사람 사이의 대화는 완전한 대화다. 왜냐하면 한 사람이 말한 모든 것은 말을 듣는 **상대방을 신중하게 고려하여** 자신의 특정한 색, 자신의 음성, 그에 맞는 자신의 몸짓을 포함하고 있기 때문이다. 그것은 편지의 왕래에서 일어나는 것과 일치한다. 편지에서는 그 사람이 동일한 사람일지라도 이 사람에게 편지를 쓸 것인지 또는 저 사람에게 편지를 쓸 것인지에 따라 열 가지 종류의 영혼을 표현할 수 있다. 두 사람 사이의 대화

에서는 물론 어떤 독특한 생각의 굴절 현상이 있다. 이 굴절 현상은 대화상대자가 만들어내는 거울 같은 것인데, 우리는 그 거울 속에서 자신의 생각을 가능한 한 아름답게 다시 비춰보고 싶은 것이다. 그러나 대화상대자가 둘일 경우, 셋일 경우, 그리고 그보다 더 많은 경우는 어떠할 것인가? 거기서 대화는 어쩔 수 없이 개인적인 섬세함을 상실하게 되고, 서로 다른 동기들에 의해 엇갈려 와해되고 만다. 어떤 사람에게는 즐거움을 주는 표현이 다른 사람들의 성향에는 맞지 않을 수 있다. 그렇기 때문에 여러 사람과 교제할 경우에는 사실을 있는 그대로 보여주지 말아야 하고, 대화를 이 세상에서 가장 유쾌한 것으로 만들려는 유희적 인간미의 소재는 화제 대상에서 제외해야 한다. 『인간적인 너무나 인간적인』 | 292

- - - -

어떤 사람은 자신의 사상을 위한 산파를 구한다. 또 어떤 사람은 자신의 도움이 필요한 사람을 구한다. 이렇게 해서 좋은 대화가 생기는 것이다. 『선악을 넘어서』 293

- - - -

다음과 같은 잘못된 말이 있다. "자기 자신을 스스로 구원하지 못하는 자가 어떻게 다른 사람들을 구원할 수 있단 말인가?" 만약 내가 그대의 사슬을 풀어줄 열쇠를 갖고 있다면, 어째서 그대의 자물쇠와 나의 자물쇠가 똑같은 것이어야 하는가? 『유고』(1882년 11월 ~1883년 2월) 294

- - - - -

허영심 ― […] 개인들은 자신에 대한 평가를 일반적으로 타인의 평가를 통해 확인하고 싶어 하고, 자신에게 입증하고 싶어 한다. 그리고 권위에 의존하는 강한 습관 ― 이것은 인간만큼이나 오래된 습관이다 ― 은 많은 사람으로 하여금 권위를 기반으로 해서 자신에 대한 믿음을 유지하도록 한다. 그것은 그야말로 타인을 매개로 해서만 믿음을 얻는 것이다. 사람들은 자신의 판단력보다 다른 사람의 판단력을 더 신뢰한다. 『인간적인 너무나 인간적인』 | **295**

- - - - -

허영심이 강한 사람들 ― 우리는 진열 가게와 같다. 거기에서 우리는 타인이 우리에게 준, 이른바 우리의 특징이라는 것을 끊임없이 정돈하거나 숨기거나 내놓는다. **우리 자신을** 속이기 위해 말이다. 『아침놀』 **296**

- - - - -

다른 사람들이 우리에 대해 아는 것 ― 우리가 우리 자신에 대해 알고 기억하는 것은 사람들이 생각하는 것만큼 삶의 행복에서 결정적인 것은 아니다. 언젠가 **타인이** 우리에 대해 알고 있는 것(혹은 알고 있다고 생각하는 것)이 우리를 덮칠 것이다. 그리고 그때 우리는 그것이 더 강력하다는 것을 깨닫게 될 것이다. 사람들이 양심의 가책은 쉽게 이겨낼 수 있을지 모르지만, 자신에 대한 나쁜 평판은 그렇게 쉽게 이겨낼 수 없을 것이다. 『즐거운 학문』 **297**

- - - - -

허영심을 갖지 않는 것 — 정열적인 사람들은 타인이 무엇을 생각하는지 거의 고려하지 않는다. 그들의 상태는 그들을 허영심 그 이상으로 드높인다. 『아침놀』**298**

- - - - -

귀를 갖지 않는 현명함 — 사람들이 우리에 대해 어떤 이야기를 하는지 매일 듣는 것, 또는 게다가 사람들이 우리를 어떻게 생각하는지 매일 골똘히 생각하는 것은 아무리 강한 사람이라도 파멸시키고 만다. 실로 타인은 매일 우리에 대해 판결을 내리기 위해 우리를 살려둔다! 만약 우리가 그들에 대해 판결을 내리거나 아니면 **내리기를 원한다면**, 그들은 틀림없이 우리를 견디지 못할 것이다! 요컨대 일반적인 원만한 관계를 위해 헌신적인 노력을 하자. 우리가 이야기되든 칭찬받든 비난받든 기대되든 희망되든 간에 그것에 귀 기울이지 말자. 그것을 절대로 생각조차 하지 말자!
『아침놀』**299**

- - - - -

주위의 색을 받아들이는 것 — 격하게 감정적인 사람 옆에서는 마치 어떤 그릇이 되기라도 한 것처럼 그의 찬성과 반대로써 채워지지 않고서는 배길 수 없을 정도로 왜 그렇게 애착과 혐오가 쉽게 전염되는 것일까? 첫째, 판단을 완전히 억제한다는 것은 매우 어려운 일이기 때문이다. 때때로 우리의 허영심이 정말로 참을 수

없는 경우가 있다. 판단의 억제가 일어난다면, 사상과 감정의 빈곤함 또는 소심함과 나약함 같은 색을 띨 것이다. 물론 우리는 주위의 경향에 역행하여 어떤 입장을 취하는 쪽으로 나아갈 수 있다. 적어도 이러한 입장이 우리의 자존심을 더 만족시켜주는 한에서는 말이다. 하지만 우리는 — 이것이 두 번째 이유다 — 흔히 무관심에서 애착이나 혐오로 이행하는 과정을 전혀 의식하지 못하면서 서서히 우리 주위의 감정 방식에 익숙해진다. 또한 우리는 즉시 주위 환경의 모든 특징과 당파적 색을 받아들이고 만다. 왜냐하면 동감으로부터 나온 찬성과 양해는 매우 즐거운 것이기 때문이다. 『인간적인 너무나 인간적인』 | **300**

- - - -

보기 드문 절제 — 타인을 평가하기를 원하지 않거나 타인에 관해 생각하는 것을 거부하는 것은 인간성을 나타내는 중요한 표시로 자주 나타난다. 『아침놀』**301**

- - - -

그의 '개성'을 잘 아는 것 — 우리는 처음 우리를 보는 낯선 사람들의 눈에 우리 자신을 바라보는 것과 완전히 다른 존재로 보인다는 사실을 너무나 쉽게 잊어버린다. 어떤 사람에 대한 인상을 규정하는 것은 특별히 눈에 띄는 하나의 개성일 뿐 대체로 그 외에 어떤 것도 아니다. 그래서 매우 온화하고 공정한 사람도 기다란 콧수염을 기르고 있다면, 마치 그 그늘에 편안하게 앉아 있는 것 같다면, 보통 사람들의 눈은 그를 그 기다란 콧수염의 부속물로 볼 것이다. 즉 그를 군대식의, 쉽게 화내는, 경우에 따라서는 폭력적인 성격을 가진 사람으로 볼 것이다. 그리고 이러한 판단에 따라 그 앞에서 행동할 것이다. 『아침놀』302

- - - -

배후를 묻는다 — 어떤 사람이 자신을 다 내보인다고 할지라도 사람들은 다음과 같이 물을 것이다. 무엇을 감추고 있는 것일까? 어떤 것에서 시선을 돌리게 하려는 것일까? 어떤 편견을 자극하려는 것일까? 그리고 또 물을 것이다. 이러한 위장의 정교함은 어느 정도까지 미칠 수 있을까? 그리고 이 경우 그는 어디에서 실패하게 될까? 『아침놀』303

- - - -

은자가 말하기를 — 기본적으로 사람들과 교제하는 기술은 전혀 신뢰하지 않는 요리를 받고서 먹을 줄 아는 숙련된 능력(이것은 오랜 훈련을 전제로 한다)에 기초한다. 허기진 상태로 식탁으로 간다면 문제는 간단하다(메피스토펠레스가 말했듯이 "최하등의 상대라도 그대가 느낄 수 있도록"). 하지만 그가 허기진 상태를 필요로 한다면 그는 아직 허기진 상태가 아니다! 아! 동료를 소화한다는 것은 얼마나 어려운 일인가! 첫째 원칙: 불행을 당했을 때처럼 용기를 낼 것, 용감하게 대적할 것, 이때 자신에게 감탄하는 마음을 가질 것, 반감을 억누를 것, 혐오감을 삼켜버릴 것. 둘째 원칙: 자신의 동료를 '개선할 것', 예컨대 칭찬을 함으로써 그가 행복에 겨워 땀을 흘리기 시작하게 만들 것, 혹은 그의 훌륭하고 '흥미 있는' 자질의 일부를 움켜쥐어 잡아 끌 것, 그래서 결국 그 모든 미덕이 드러나게 되어 동료가 그 아래로 들어올 수 있게 만들 것. 셋째 원칙: 자기 최면. 그의 교제 상대를 마치 유리 단추처럼 고정시켜 더 이상 쾌와 불쾌를 느끼지 않고 어느덧 자신도 모르게 잠이 들 만큼 굳어지고 안정되게 만들 것. 결혼과 우정에 관한 이러한 민간요법은 충분히 검증되어 반드시 필요한 것으로 찬양되었지만, 아직 학문적으로는 공식화되지 못했다. 그것의 대중적 명칭은 '인내'다. 『즐거운 학문』**304**

13

"
위쪽으로!
우리가 중력의 정신을 살해합시다
"

즐거움의
철학

건강의 기술이 지향하는 최고의 목표는 즐거움과 행복이 아니 겠는가? 철학 역시 언제나 계속해서 행복의 방법을 찾아왔 다. 니체는 자신의 생각에 따라 우선 지금까지 제안된 방법 중에서 어떤 것이 행복을 찾을 수 없는 방법인지를 강조한다. 예컨대 행복 을 덕의 발현으로서 규정하려는 시도가 그것이다. 플라톤주의와 그리스도교의 전통이 바랐던 것처럼 행복은 '선'에 대한 대가가 아 니다. 오히려 거꾸로 덕은 행복의 결과로서 나타난다. 행복한 사람 들은 자신의 행복으로부터 무엇인가를 넘겨줄 뿐만 아니라 본능 적으로 더 좋게 더 완전하게 되는 것을 추구한다.

사람들은 오랫동안 내세의 구원 약속을 믿었으므로 자신의 행복을 현세에서 찾으려 하지 않았다. 또한 행복에 이르는 방법은 누구에게나 적용되는 보편타당한 해법으로 존재할 것이라는 믿음 을 가지고 있었다.

이와 관련해 니체는 요구하는 것이 많다. 하지만 그와 동시에 겸손하기도 하다. 니체는 자신의 행복을 위해 자신만의 개인적인 방법을 만드는 것은 각자에게 주어진 과제라는 점을 강하게 강조 한다. 이런 점에서 요구하는 것이 많다. 그리고 그는 행복하게 존 재하는 것보다 오히려 스스로 즐거워할 수 있는 것을 훨씬 더 사유 의 중심에 놓는다. 이런 점에서 그것은 겸손하기도 하다. 그는 삶 에 주의를 기울이는 특별한 방식을 '즐거움'에서 보여준다. 우리는 자기 자신을 위해, 자신의 감각을 위해, 그리고 자신의 향유 능력 을 위해 삶이 어떤 것을 갖추어야 하는지를 즐거움에서 찾을 수 있 다. 동시에 그 속에서 우리 자신을 생동하는 즐거움이 가득한 세계와의 만남을 만들어내는 창조자로 체험할 것이다. 한편으로, 이러한 예술적 관점은 우리 자신에게 강요된 요구들로부터 언제라도 쉽게 다시 거리를 둘 수 있게 한다. 다른 한편으로, 우리가 얼마나 자주 잘못된 진지함을 가진 어릿광대로 살았는지를 깨닫게 된다면, 우리 자신에 대해 웃는 것도 배우게 될 것이다. 진지함의 그림자는 늘 우리의 삶을 어둡게 만들 우려가 있다.

니체의 사유는 '즐거운 학문'으로 존재했다. 그는 이러한 사유를 통해 최고의 희망을 완수할 수 있을 것이라고 전망했다. 건강의 기술 역시 '휴식, 위대함, 햇빛', 다시 말해 위안(慰安), 고양(高揚), 일광(日光) 같은 희망의 완수를 기대한다.

- - - -

삶의 시곗바늘에 대하여 — 삶은 드물게 일회적으로 나타나는 최상의 중요한 순간들과 셀 수 없이 많은 중간 시간들로 구성되어 있다. 그 중간 시간에는 기껏해야 최상의 중요한 순간의 그림자가 주위를 떠돈다. 사랑, 봄, 온갖 아름다운 선율, 산맥, 달, 바다와 같은 이 모든 것은 단 한 번만 마음을 완전히 털어놓는다. 만약 언제든 완전히 말할 기회가 온다면 말이다. 그야말로 많은 사람은 그러한 순간을 전혀 갖지 못하고, 현실의 삶이라는 교향곡에서 간주곡이나 휴지부로 존재할 뿐이다. 『인간적인 너무나 인간적인』 **305**

- - - -

몇 가지 주장 — 만약 개인이 자신의 행복을 바란**다면**, 그에게 행복에 이르는 길에 대한 어떠한 지침도 주어서는 안 된다. 왜냐하면 개인의 행복은 어느 누구도 모르는 자신만의 고유한 법칙에서 솟아나오는 것이기 때문이다. 밖으로부터 주어지는 지침은 그의 행복을 방해하고 가로막을 뿐이다. 이른바 '도덕적인' 지침은 실제로 개인과 대립되는 것일 뿐 결코 개인의 행복을 바라지 않는다. [···] 만약 인류가 보편적으로 인정된 **목표**를 갖고 있다면, 사람들은 "이것 또는 저것을 **해야 한다**"고 제안할 수 있을 것이다. 하지만 현재로서는 그러한 목표가 존재하지 않는다. 따라서 인류와 도덕적인 요구를 서로 연관 지워서 생각하는 것은 좋지 않다. 그것은 비합리적이고 무책임한 것이다. 『아침놀』**306**

- - - - -

즐거워할 줄 아는 능력은 동일하게 존재하려는 욕망 때문에 성장하지 못한다. 『유고』(1880년 초) **307**

- - - - -

기쁨의 변질 — 어떤 것이 좋아 보인다고 할지라도 그것을 하루 이상 말하지 말라. 그리고 특히 **하루라도 더 일찍** 말하지 말라. 이것이야말로 기쁨을 있는 그대로 유지할 수 있는 유일한 수단이다. 그렇지 않으면 기쁨은 너무도 쉽사리 김이 빠져 맛이 상하게 된다. 그래서 그 기쁨은 모든 계층의 국민에게 변질된 식품이 되어 버린다. 『인간적인 너무나 인간적인』 II **308**

- - - - -

자신에 대한 즐거움 — 사람들은 흔히 '일에 대한 즐거움'이라고 말한다. 그러나 사실은 일을 매개로 한 자신에 대한 즐거움이다. 『인간적인 너무나 인간적인』 I **309**

- - - - -

영혼의 의사와 고통 — 세상의 모든 도덕 설교자뿐만 아니라 모든 신학자는 공통된 나쁜 습관을 갖고 있다. 이들은 모두 인류가 매우 악한 상황에 처해 있고, 그렇기 때문에 최후의 근본적이고 과감한 치료가 필요하다고 인류를 설득해왔다. 인류는 수 세기 동안 매우 정열적으로 이 설교에 귀를 기울여왔기 때문에 결국 자신이 매우 악한 상황에 처해 있다는 미신에 빠져들게 되었다. 그래서 사람들은 기꺼이 탄식할 준비를 하고, 이제 삶에서는 더 이상 추구할 것이 없으며, 마치 삶이 지극히 **견디기** 어려운 것이라도 되는 것처럼 서로에게 우울한 얼굴을 하게 되었다. 그러나 실제로는 삶을 더없이 확신하고 있고, 삶에 대한 사랑에 빠져 있으며, 불편한 것을 이겨내고 고통과 불행에서 가시를 **빼내기** 위한 이루 말할 수 없는 지혜와 섬세한 수단을 잔뜩 가지고 있다. 내가 보기에 사람들은 고통이나 불행에 대해 언제나 과장해서 말하고 있는 것 같다. 마치 그렇게 과장하는 것이 무슨 훌륭한 생활 방식이기나 한 것처럼 말이다. 반면에 사람들은 고통을 완화해주는 방법이 무수히 많이 있다는 것에는 의도적으로 침묵한다. [···] 어떤 상실도 겨우 한 시간 정도에 불과하다. 어떤 것을 상실하면 또 다른 어떤 선물이 하늘에서 내려온다. 예컨대 새로운 힘이라든지, 적어도 힘을 얻을 수 있는 새로운 기회 같은 것 말이다! 도덕 설교자들은 악한 인간의 내적인 '비참함'에 대해 얼마나 많은 환상을 창조해왔는가! 심지어 그들은 우리에게 정열적인 인간의 불행에 대해 얼마나 많은 **거짓말을 해왔는가**! 그렇다! 거짓말이라는 단어야말로 여기에 가장 적합한 말이다. 그들은 이러한 종류의 인간이 누리는 흘러넘치는 행복에 대해 너무나 잘 알고 있으면서도 이에 대해 철저히 침묵했다. 이것이 모든 행복은 정열의 말살과 의지의 침묵에서 생겨나는 것이라는 그들의 이론에 반대되기 때문이 아닌가! 결국 이들 모든 영혼의 의사들이 내리는 처방과 관련하여, 그리고 이러한 강력하고 급진적인 치료에 대한 그들 자신의 찬양과 관련하여 다음과 같은 질문을 던질 수 있다. 화석 같은 스토아적인 생활 방식으로 바꾸는 것이 더 나을 정도로 우리의 삶이 정말로 그렇게 고통스럽고 부담 되는 것일까? 우리는 스토아적인 방식으로 열악하게 삶을 살아야 할 정도로 그렇게 나쁜 상황에 처해 있지는 않다! 『즐거운 학문』**310**

- - - - -

사람들이 불행을 극복하기 위해 사용한 정신의 총체는 즐거 움을 만들어내기에는 부족했다. 그렇기 때문에 인류 전체는 지 금까지도 그것을 위로의 수단 그 이상의 것으로는 만들지 못했 다. 『유고』(1880년 봄) **311**

- - - - -

모든 종교와 도덕의 기초에 놓여 있는 가장 일반적인 정식은 다음과 같다. "이러이러한 것을 하고 이러이러한 것을 하지 말라. 그러면 너는 행복할 것이다! 그렇지 않으면 …" 모든 도덕이나 종 교가 이런 식의 명령이다. 나는 이것을 이성의 중대한 원죄이며, **불멸의 비이성**이라고 부른다. 내 입에서 정식은 그 반대로 바뀐다. 나의 '모든 가치 전도'의 첫 번째 예: 좋은 체질을 가진 자, '행복한' 자는 어떤 특정한 행위를 해야 하고, 다른 행위들은 본능적으로 피 해야 **한다**. 그는 생리적인 질서를 보여준다. 그는 자신의 생리적 질서를 다른 인간과 다른 사물에 대한 자신의 관계로 가지고 간다. 공식적으로 말하면: 그의 덕은 그의 행복의 **결과**다. 『우상의 황혼』**312**

- - - - -

"그러면 기뻐하리라" — 기쁨은 인간의 윤리적 본성과 관련해서도 교화하고 치유하는 힘을 갖고 있음에 틀림없다. 그렇지 않고서야 우리의 영혼이 기쁨이라는 햇빛에서 휴식을 취하자마자 어떻게 자기도 모르는 사이에 "선해지리라!", "완전하리라!"라고 찬양할 수 있겠는가? 어떻게 우리의 영혼이 축복의 전율과도 같은 완전성에 대한 예감에 사로잡힐 수 있겠는가? 『인간적인 너무나 인간적인』 II **313**

- - - - -

동맹 관계에 있는 위엄과 무지 — 우리가 잘 이해하고 있을 경우라면, 겸손해지고 행복감을 느끼며 독창적이 된다. 충분히 배우고 눈과 귀를 **충분히 연** 경우라면, 어디서나 우리 영혼은 더 많은 유연함과 우아함을 보여준다. 그러나 거의 파악하지 못하고 제대로 배우지 못한 경우라면, 어떤 사태를 포용하고 그렇게 해서 자신을 사랑스러운 존재로 만들기가 어려워진다. 오히려 우리는 도시, 자연, 역사를 어설프고 무덤덤하게 통과하면서도 마치 이러한 태도와 차가움이 탁월함의 결과인 것처럼 다소 자만심에 빠진다. 그뿐만 아니라 우리의 무지와 빈약한 지식욕은 자신에게 위엄이 있고 인격이 있는 것처럼 가장하면서 거만하게 걷는 법을 잘 알고 있다. 『아침놀』 **314**

- - - - -

인간성의 높은 수준까지 성장한 사람에게 세계는 더욱더 풍부해진다. 그에게는 더욱더 많은 관심의 낚싯바늘이 던져진다. 자극의 양은 지속적으로 커지고, 쾌와 불쾌의 양도 마찬가지로 커진다. 좀 더 고귀한 인간은 더욱더 행복해지는 동시에 더욱더 불행해진다. 그러나 이때 하나의 **환상**이 그의 곁을 떠나지 않고 줄곧 따라다닌다. 그는 자신이 인생이라는 저 거대한 연극과 음악 공연 앞에서 **관객**이자 **청중**으로 앉아 있다고 생각한다. 그는 자신의 본성을 '관조적'이라고 이름 짓는다. 그러나 이때 그는 자기 자신이야말로 삶을 창작하는 시인이며 계속 써내려가는 작가라는 점을 간과한다. […] 어떤 것이든 간에 현세에서 **가치**를 지니는 것은 자연의 본성에 따라 그 자체로서 가치 있는 것이 아니다. 자연은 언제나 몰가치적이다. 그것이 아니라 그 가치는 사람들이 과거 언젠가 그것에 부여하고 증여한 가치다. 우리가 바로 이 가치의 부여자이며 증여자다! 우리가 **인간에 대해 어떤 의미를 지니는 세계**를 최초로 창조해낸 것이다! 우리는 이러한 사실을 모르고 있으며, 또한 어느 순간에 이것을 포착한다 해도 그다음 순간에 바로 다시 잊어버리고 만다. 『즐거운 학문』**315**

- - - -

예술가로부터 배워야 하는 것 ─ 어떤 사물이 아름답지도 매력적이지도 바람직하지도 않다면, 우리는 그것을 아름답게, 매력적이게, 바람직하게 만들 수단을 갖고 있을까? 내가 말하려는 것은 사물이 그 자체로서는 결코 아름답지도 매력적이지도 바람직하지도 않다는 것이다! 예컨대 우리는 의사가 쓴맛을 희석시키는 것에서나 포도주와 설탕을 섞어 혼합물을 만드는 것에서 무언가를 배워야 한다. 그러나 우리는 원래부터 그러한 발명과 기술을 만드는 데 항상 골몰하고 있는 예술가로부터 더 많은 것을 배울 수 있다. 사물에서 더 이상 많은 것을 보지 않기 위해 사물에 거리를 두거나 또는 **여전히 사물을 관찰하려고** 사물에 많은 것을 첨가해서 보기 위해 사물에 거리를 두는 것, 또는 사물을 측면에서 한쪽 단면만 보는 것, 또는 사물이 부분적으로 숨겨진 상태로 있게 하고 원근법적으로만 투시되도록 하는 것, 또는 사물을 색유리나 석양빛을 통해 바라보는 것, 또는 사물에 약간 불투명한 표면이나 피부를 입히는 것 말이다. 우리는 이 모든 것을 예술가로부터 배워야 하고, 그뿐만 아니라 어떤 점에서는 그보다 더 현명해야 한다. 왜냐하면 예술가의 경우는 예술이 끝나고 삶이 시작될 때 흔히 그의 섬세한 능력도 끝나버리기 때문이다. 그러나 **우리는** 자기 삶의 시인이 되기를 원한다. 특히 가장 사소하고 일상적인 삶에서 말이다. 『즐거운 학문』**316**

- - - -

　모든 좋은 것은 몸을 구부린 채 자신의 목표로 가까이 다가간다. 그것은 고양이처럼 곱사등이가 된다. 그것은 자신의 가까워진 행복 앞에서 속으로 그르렁거린다. 모든 좋은 것은 웃는다. 『차라투스트라는 이렇게 말했다』 IV **317**

- - - -

무의미에 대한 즐거움 ─ 사람들은 어떻게 무의미에서 즐거움을 느낄 수 있단 말인가? 사람들이 세상에 대해 웃음을 터뜨릴 때가 바로 그런 경우다. 그뿐 아니라 행복이 있는 곳에는 거의 어디서나 무의미에 대한 즐거움이 있다고 할 수 있다. 경험을 그 반대의 것으로 전환시키는 것, 즉 합목적적인 것을 무목적적인 것으로, 필연적인 것을 임의적인 것으로 전환시키는 것은 사람들을 즐겁게 하며, 게다가 이러한 과정이 아무런 해도 주지 않고 일시적인 즐거움만 생각하게 한다면 그것은 더군다나 사람들을 즐겁게 한다. 흔히 필연성, 합목적성, 경험제약성을 우리의 무자비한 주인으로 느끼는데, 그것은 필연성, 합목적성, 경험제약성의 속박으로부터 일시적으로나마 우리를 해방시켜주기 때문이다. 우리는 기대하고 있던 것(이것은 보통 우리를 불안하게 하고 긴장시킨다)이 아무런 해를 끼치지 않고 이루어질 때 즐거워하며 웃음을 터뜨린다. 『인간적인 너무나 인간적인』| **318**

─ ─ ─ ─ ─

여기 이 지상에서 지금까지 가장 큰 죄는 무엇이었던가? 그것은 "화 있을진저, 너희, 이제 웃는 자여!"라고 한 자의 말이 아니었던가.

그는 이 지상에서 웃어야 할 이유를 전혀 발견하지 못한 것일까? 그렇다면 그가 잘못 찾았을 뿐이다. 이곳에서는 어린아이조차 그 이유를 발견한다.

그는 충분히 사랑하지 않았다. 충분히 사랑했더라면 웃고 있는 자들도 사랑했으리라! 그러나 그는 우리를 미워했고, 조롱했고, 우리에게 울부짖으면서 이를 갈게 해주겠다고 약속했다.

도대체 사랑하지 않으면, 곧바로 저주해야 하는 것인가? 그것은 내게 나쁜 취향으로 생각된다. 그런데도 그(이 절대적인 자)는 그렇게 했다. 『차라투스트라는 이렇게 말했다』 IV **319**

- - - -

사람들은 분노가 아니라 웃음으로 죽인다. 자, 이제 저 중력의 악령을 죽여버리자! 『차라투스트라는 이렇게 말했다』 IV **320**

- - - -

아직도 얼마나 많은 것이 가능한가! 그러니 그대 자신을 넘어서서 웃는 법을 배우라. 그대들 훌륭한 무용수들이여! 그대들의 가슴을 들어 올려라! 높이! 더 높이! 그리고 잘 웃는 것도 잊지 말라!

웃는 자의 왕관, 장미로 만든 화관! 형제들이여, 나는 이 왕관을 그대들에게 던지노라! 나는 웃음을 신성한 것이라고 말했다. 그대들, 더 높은 인간이여. 나에게서 배우라, 웃는 것을! 『차라투스트라는 이렇게 말했다』 IV **321**

- - - -

예술에 대한 우리의 최종적인 감사 — [···] 때때로 우리는 우리 자신에게서 벗어나 휴식을 취해야 한다. 우리 자신을 위로 아래로 들여다보고, 예술적 관점에서 거리를 두면서 우리 자신에 **대해**

웃고 슬퍼하면서 말이다. 우리 인식의 열정 속에 숨어 있는 **영웅과 광대**를 발견해야 한다. 우리 자신의 지혜에 대해 계속 즐거워할 수 있기 위해서는 때때로 우리의 어리석음에 대해서도 즐거워해야 한다! 우리는 본질적으로 엄숙하고 심각한 인간이며, 인간이라기보다는 오히려 저울추이기 때문이다. 그렇기 때문에 **광대의 모자**보다 우리에게 더 쓸모 있는 것도 없다. 우리는 우리 자신과 관련하여 그것을 필요로 한다. 우리의 이상이 우리에게 요구하는 **것을 초월할 자유**를 잃지 않기 위해 온갖 종류의 신나고 부유하고 춤추고 조소적이고 유치하고 황홀한 예술을 필요로 한다. 우리의 민감한 정직성을 가지고 도덕에 완전히 빠져버린다든지, 그 안에서 우리 스스로 제기하는 극도로 엄격한 요구를 위해 덕으로 무장한 괴물이나 허수아비가 되는 것은 우리의 **병이 재발되었다는 것을** 의미한다. 우리는 도덕을 **초월해서 서 있을 수** 있어야 한다. 매 순간 미끄러져 넘어질 것을 두려워하는 사람의 경직된 긴장감을 갖고 서 있는 것이 아니라 도덕을 초월해 춤추고 즐길 줄 알아야 한다! 예술과 광대가 없다면 어떻게 그렇게 할 수 있겠는가? 어쨌든 그대들이 여전히 이것을 부끄러워한다면, 그대들은 아직 우리 쪽에 속하지 않은 것이다! 『즐거운 학문』**322**

- - - -

포도주 같은 역할을 하는 생각이 있다. 그것은 기분을 끌어올리고 즐겁게 하며 용기를 주기도 한다. 그러나 많이 즐기게 되면 도취한다. 자주 즐기게 되면 욕망을 만들어낸다. 그것의 충족 없이는

삶이 황량하고 견딜 수 없게 되는 욕망 말이다. 『유고』(1880년 여름) **323**

- - - -

어쨌든 무엇이든 즐거움을 추구하는 것이 좋다. 그러나 필연적으로 불쾌나 피로를 동반하는 즐거움에는 조심하는 것이 좋다. 이러한 즐거움은 사람의 부류에 따라 열광, 동정, 망아, 분노, 복수, 알코올, 아편, 성적 쾌락 등을 통해 마취시키거나 충격을 주면서 즐기는 것이다. 결국 사람들은 가장 강한 것도 아니고 가장 약한 것도 아닌 중용의 즐거움을 가장 가치 있는 즐거움이라고 간주하고 추구하게 된다. 이 즐거움은 지속성을 가지면서도 불쾌를 동반하지 않고, 다른 한편으로는 가장 약한 즐거움보다는 밀도가 강한 즐거움이다. 이렇게 본다면, 인식의 즐거움을 가장 추구할 만한 가치가 있는 것으로 본 플라톤과 아리스토텔레스는 옳았다. 물론 전제된 것은 그들이 보편적인 경험이 아니라 개인적인 경험을 말하려 했다는 사실이다. 왜냐하면 대부분의 사람들에게 인식의 즐거움이란 가장 약한 즐거움이고 식사의 즐거움보다 아래쪽에 위치하는 것이기 때문이다. 『유고』(1880년 봄) **324**

- - - -

가장 행복한 인간의 위험 — 섬세한 감각과 세련된 취향을 갖는 것, 마치 입맛에 잘 맞고 친숙한 음식을 대하듯 선별된 최상의 정신에 익숙해지는 것, 강하고 대담하고 과감한 영혼을 향유하는 것, 조용한 눈과 확고한 걸음걸이로 삶을 두루 겪어가며 아직 발견되지 않은 세계와 바다와 인간과 신에 대한 갈망에 가득 차서 극한의 상황이 닥쳐도 축제를 맞이한 것처럼 기꺼이 받아들이는 것. [⋯] 어느 누가 이 모든 것이 자신의 소유와 자신의 상태가 아니기를 바라겠는가! [⋯] 그러나 우리는 다음과 같은 사실을 간과해서는 안 된다. 인간은 영혼 속에서 호메로스의 행복을 누리면서도 또한 태양 아래 가장 커다란 고뇌를 느껴야 하는 피조물이다! 인간은 이러한 대가를 치러야만 실존의 파도가 해안가로 밀어 올리는 진귀한 조개를 얻을 수 있다! 『즐거운 학문』**325**

- - - - -

죽음 — 만약 죽음을 확실히 예견할 수만 있다면, 모든 사람의 삶에는 맛있고 향기로우며 경쾌한 물 한 방울이 섞일 수 있을 것이다. 그러나 기이한 영혼의 약사인 그대들은 그것에서 맛없는 한 방울의 독약을 만들어내어 그것을 가지고 삶 전체를 몹시 불쾌하게 만들어버렸다! 『인간적인 너무나 인간적인』 II **326**

- - - - -

심각하게 생각하는 것 — 사랑스러운 야수인 인간은 잘 생각하는 것처럼 보이는 그때마다 매번 기분이 언짢은 듯하다. 말하자면 그들은 '심각해진다'! 그래서 "웃음과 즐거움이 있는 곳에 생각은 아무 쓸모가 없다"고 한다. 이것이 심각한 야수가 '즐거운 학문'에 대해 갖는 편견이다. 자! 이제 이것이 편견이라는 것을 입증해 보자! 『즐거운 학문』**327**

　　진정한 사상가는 진심을 말하든 농담을 하든, 또는 인간적 통찰을 표현하든 신적인 관용을 표현하든 언제나 사람들을 흥겹게 하고 생기를 북돋운다. 그는 불쾌한 표정을 짓거나 손을 떨거나 눈물짓는 일이 없다. 그와 반대로 그는 확신이 있고 단순하며, 용기와 힘을 가지고서, 아마도 약간은 기사처럼 강하게, 어떤 경우에도 어쨌든 승리자로서 행동한다. 승리하는 신의 모습을 그가 투쟁해온 모든 괴물 곁에서 보는 것이야말로 사람들을 가장 깊게 그리고 가장 내면적으로 흥겹게 한다.

　　[…] 승리를 거둔 사람들 중 한 사람이 가까이 있는 것보다 더 즐겁고 좋은 일은 인간에게 주어질 수 없다. 그리고 승리한 사람들은 가장 깊은 것을 생각했기 때문에 가장 생동하는 것을 사랑할 것이고, 최후에는 현자로서 아름다운 것을 향해 갈 것이다. 「교육자로서의 쇼펜하우어」**328**

　　세 가지 좋은 것 — 휴식, 위대함, 햇빛이라는 이 세 가지는 사상가가 원하고 또 자신에게 요구하는 모든 것을 내포하고 있다. 이것은 그의 희망과 의무, 지적이고 도덕적인 것에 대한 요구, 심지어는 일상적인 생활양식이나 자신이 살고 있는 환경에 대한 요구도 포괄하고 있다. 이 세 가지 좋은 것은 첫째로 고양(高揚)의 사상, 둘째로 진정(鎭靜)의 사상, 그리고 셋째로 명징(明澄)의 사상과 일치한다. 그리고 네 번째 사상은 이 세 가지 특성에 모두 관여하면서 지상의 모든 것을 빛나게 하는 사상이다. 이 세계는 위대한 삼중(三重)의 즐거움이 지배하는 세계다. 『인간적인 너무나 인간적인』 II **329**

미주

1   이 문제에 관해 정보를 얻으려면 Pia Daniela Volz, *Nietzsche im Labyrinth seiner Krankheit*, Konigshause & Neumann, 1990을 참조하라. 이 책은 니체의 병과 관련하여 탁월하게 서술하고 있다. 특히 그의 정신적 붕괴의 원인에 대해 오늘날 얼마나 대립적인 논의들이 존재하고 있는지에 관해서는 최근의 관련 연구들이 잘 보여주고 있다. 이 주제에 대해 개괄적으로 알려주는 가장 최근에 출간된 연구서는 Weimar-Jena, Die grose Stadt의 정기간행물인 *Nietzsche in Jena. Beiträge zu Friedrich Nietzsches Krankheit und sein Klinikaufenthalt in Jena 1889/90*, Jg.4, Heft1, 2011이다. 또한 이에 대해서는 다음을 참조하라. Christiane Koszka, "MELAS(Mitochondriale Enzephalomyooathie, Laktatazidose und schlaganfall-ahnliche Episoden) — eine neue Diagnose von Nietzsches Krankheit," in: *Nietzsche-Studien* 39(2010), pp. 573-578 Dimitri Hemelsoet, "Karen Hemelsoet u. Daniel Devreese, The neurological illness of Friedrich Nietzsche," in: *Acta Neurologica Belgica* 1(2008), pp. 9-16.

2   KSA 3/379f.

3   KSA 7/780, 32(73).

4   KSA 3/272.

5   KSA 1/417f.

6   KSA 1/328f.

7   KSA 7/432f, 19(42).

8   KSA 7/584, 26(18).

9   KSA 7/424, 19(27).

10   KSA 3/270.

11   KSA 3/34.

12   KSA 2/687.

13   KSA 2/687.

14   KSA 2/350.

15   KSA 2/515.

16   KSA 3/347.

17   KSA 3/294.

18 KSA 10/218, 5(1).

19 KSA 7/799, 34(24).

20 KSA 6/326.

21 KSA 2/234.

22 KSA 3/104-107.

23 KSA 2/17f.

24 KSA 6/266.

25 KSA 2/520.

26 KSA 13/618, 24(1).

27 KSA 2/522.

28 KSA 13/250, 14(65).

29 KSA 12/108, 2(97).

30 KSA 6/21.

31 KSA 2/696.

32 KSA 9/351, 7(167).

33 KSA 6/436f.

34 KSA 12/194, 5(23).

35 KSA 9/343, 7(124).

36 KSA 3/550.

37 KSA 13/628, 24(1).

38 KSA 9/123, 4(93).

39 KSA 5/377ff.

40 KSA 3/247.

41 KSA 3/56.

42 KSA 3/230.

43 KSA 9/47, 3(2).

44 KSA 3/246.

45 KSA 2/523.

46 KSA 3/211.

47 KSA 7/749, 31(4).

48 KSA 2/689.

49 KSA 3/305f.

50 KSA 9/324, 7(31).

51 KSA 3/278.

52 KSA 2/233.

53 KSA 9/59, 3(45).

54 KSA 3/477.

55 KSA 9/539, 11(258).

56 KSA 6/281ff.

57 KSA 3/232.

58 KSA 3/242.

59 KSB, 7/205.

60 KSA 3/486.

61 KSA 11/56, 25(162).

62 KSB, 8/240.

63 KSA 2/375.

64 KSA 11/685, 41(9).

65 KSA 10/360, 9(45).

66 KSA 2/362f.

67 KSA 3/516.

68 KSA 8/473, 23(196).

69 KSA 2/349.

70 KSA 2/689.

71 KSA 2/483f.

72 KSA 2/641.

73 KSA 2/234.

74 KSA 3/386f.

75 KSA 3/614.

76 KSA 6/281.

77 KSA 12/372, 9(70).

78 KSA 3/365.

79 KSA 6/341.

80 KSA 10/530, 16(86).

81 KSA 13/476, 15(117).

82 KSA 4/244.

83 KSA 4/49f.

84 KSA 2/410.

85 KSA 11/394, 31(64).

86 KSA 3/57.

87 KSA 2/492.

88 KSA 10/606, 22(1).

89 KSA 3/440ff.

90 KSA 3/617.

91 KSA 10/651, 24(14).

92 KSA 2/44.

93 KSA 11/14f, 25(13).

94 KSA 1/379f.

95 KSA 10/575, 18(34).

96 KSA 2/232f.

97 KSA 8/300, 17(22).

98 KSA 2/653.

99 KSA 2/653.

100 KSA 2/346.

101 KSA 2/400.

102 KSA 9/122, 4(91).

103 KSA 5/110.

104 KSA 1/313.

105 KSA 1/299.

106 KSA 3/157.

107 KSA 3/154.

108 KSA 3/156f.

109 KSA 1/301.

110 KSA 3/614f.

111 KSA 3/392ff.

112 KSA 2/505.

113 KSA 1/392.

114 KSA 8/352, 19(89).

115 KSA 1/367.

116 KSA 7/741, 30(25).

117 KSA 7/819, 35(13).

118 KSA 3/556f.

119 KSA 2/623.

120 KSA 2/454f.

121 KSA 7/814f, 35(12).

122 KSA 1/299.

123 KSA 2/230f.

124 KSA 3/524f.

125 KSA 10/303, 7(192).

126 KSA 2/232.

127 KSA 9/24, 1(80).

128 KSA 3/408f.

129 KSA 2/352f.

130 KSA 2/696.

131 KSA 2/641.

132 KSA 3/269.

133 KSA 2/574.

134 KSA 12/464, 10(18).

135 KSA 10/127, 4(58).

136 KSA 2/641f.

137 KSA 3/179.

138 KSA 6/279ff.

139 KSA 7/749, 31(4).

140 KSA 3/485f.

141 KSA 2/698.

142 KSA 6/104.

143 KSA 9/588, 12(71).

144 KSA 9/159, 4(237).

145 KSA 2/496.

146 KSA 2/597.

147 KSA 3/635.

148 KSA 9/319f, 7(15).

149 KGW Ⅱ/4, 217f.

150 KSA 6/295f.

151 KSA 2/550f.

152 KSA 6/294.

153 KSA 2/541.

154 KSA 2/542f.

155 KSA 3/51f.

156 KSA 2/532.

157 KSA 2/575f.

158 KSA 2/353.

159 KSA 2/638.

160 KSA 7/249, 8(69).

161 KSA 2/19.

162 KSA 1/319.

163 KSA 7/662, 29(74).

164 KSA 2/133.

165 KSA 2/190.

166 KSA 3/61f.

167 KSA 2/192.

168 KSA 9/47, 3(1).

169 KSA 3/583.

170 KSA 3/21f. u. 24.

171 KSA 2/698.

172 KSA 2/233.

173 KSA 2/334.

174 KSA 2/252.

175 KSA 3/141f.

176 KSA 1/379.

177 KSA 2/327.

178 KSA 2/231f.

179 KSA 3/595.

180 KSA 9/319, 7(12).

181 KSA 3/545.

182 KSA 3/170f.

183 KSA 9/44, 2(66).

184 KSA 3/555.

185 KSA 3/92f.

186 KSA 9/63, 3(59).

187 KSA 9/63, 3(60).

188 KSA 9/528, 11(226).

189 KSA 1/333.

190 KSA 1/337f.

191 KSA 3/267.

192 KSA 1/339.

193 KSA 7/714, 29(210).

194 KSA 2/667f.

195 KSA 9/53f, 3(24).

196 KSA 12/277f, 7(6).

197 KSA 2/696f.

198 KSA 2/235f.

199 KSA 4/245.

200 KSA 4/361.

201 KSA 1/340.

202 KSA 3/567f.

203 KSA 2/524.

204 KSA 9/361, 7(213).

205 KSA 3/248.

206 KSA 9/361, 7(211).

207 KSA 9/327, 7(49).

208 KSA 8/115, 6(48).

209 KSA 3/12.

210 KSA 2/486.

211 KSA 11/657f, 40(59).

212 KSA 3/270.

213 KSA 9/182, 5(6).

214 KSA 1/359.

215 KSA 2/319.

216 KSB, 6/50.

217 KSA 2/696.

218 KSA 10/290, 7(144).

219 KSA 11/587f, 37(12).

220 KSA 10/225, 5(31).

221 KSA 4/15.

222 KSA 4/39f.

223 KSA 7/749, 31(4).

224 KSA 8/601, 42(29).

225 KSA 13/458, 15(89).

226 KSA 3/534f.

227 KSA 3/46f.

228 KSA 6/373f.

229 KSA 3/73f.

230 KSA 3/348f.

231 KSA 3/349f.

232 KSA 9/170, 4(285).

233 KSA 3/323f.

234 KSA 3/535f.

235 KSA 11/658, 40(59).

236 KSA 2/522.

237 KSA 2/280.

238 KSA 2/355.

239 KSA 2/358.

240 KSA 3/223.

241 KSA 3/511.

242 KSA 3/536f.

243 KSA 2/349.

244 KSA 2/386.

245 KSA 10/28, 1(70).

246 KSA 9/558, 11(304).

247 KSA 2/320.

248 KSA 3/544f.

249 KSA 3/622f.

250 KSA 3/330.

251 KSA 2/487.

252 KSB, 8/209.

253 KSA 2/206.

254 KSA 2/228f.

255 KSA 10/343, 8(27).

256 KSA 13/471, 15(113).

257 KSA 3/297.

258 KSA 9/40, 2(40).

259 KSA 3/244.

260 KSA 9/87, 3(124).

261 KSA 3/537.

262 KSA 12/506, 10(87).

263 KSA 2/350.

264 KSA 3/496.

265 KSA 2/337.

266 KSA 3/221.

267 KSA 2/408.

268 KSA 2/342f.

269 KSA 3/559f.

270 KSA 9/96, 3(151).

271 KSA 3/280f.

272 KSA 9/314, 6(450).

273 KSA 2/95.

274 KSA 9/30, 1(114).

275 KSA 2/348.

276 KSA 2/320.

277 KSA 2/338.

278 KSA 3/257.

279 KSA 3/217.

280 KSA 3/252.

281 KSA 2/126f.

282 KSA 3/299.

283 KSA 3/300.

284 KSA 2/344.

285 KSA 3/244.

286 KSA 3/111.

287 KSA 5/97.

288 KSA 9/609, 12(194).

289 KSA 9/130, 4(116).

290 KSA 2/521.

291 KSA 2/262f.

292 KSA 2/261.

293 KSA 5/97.

294 KSA 10/109, 4(4).

295 KSA 2/88.

296 KSA 3/249.

297 KSA 3/416.

298 KSA 3/251.

299 KSA 3/301.

300 KSA 2/259.

301 KSA 3/303.

302 KSA 3/247f.

303 KSA 3/301.

304 KSA 3/612f.

305 KSA 2/337.

306 KSA 3/95f.

307 KSA 9/11, 1(16).

308 KSA 2/514.

309 KSA 2/320.

310 KSA 3/553f.

311 KSA 9/68, 3(82).

312 KSA 6/89.

313 KSA 2/517.

314 KSA 3/328.

315 KSA 3/539f.

316 KSA 3/538.

317 KSA 4/365.

318 KSA 2/174.

319 KSA 4/365.

320 KSA 4/49.

321 KSA 4/367f.

322 KSA 3/464f.

323 KSA 9/166, 4(265).

324 KSA 9/49f, 3(9).

325 KSA 3/541.

326 KSA 2/695.

327 KSA 3/555.

328 KSA 1/348f.

329 KSA 2/697f.

역자 후기

미렐라 카르보네(Mirella Carbone)와 요아힘 융(Joachim Jung)이 "건
강의 기술(Die Kunst der Gesundheit)"이라는 제목으로 엮은 이 책은 2012
년 독일에서 출간되었다. 이 책을 편집한 카르보네와 융은 스위스
질스-마리아(Sils-Maria)에 있는 〈니체 하우스(Nietzsche-Haus)〉[1]에서 활
동하는 큐레이터이자 니체 연구자이다. 니체는 질스-마리아에서
일곱 번의 여름을 보내면서 요양생활을 했는데, 특히 이곳의 기후
를 매우 좋아했다고 한다. 이 책은 '건강의 다차원성'과 '건강의 기
술'에 관한 그의 다채로운 사유들을 13개의 장으로 구성하여 체계
적으로 담아내고 있다. 역자는 이 책의 2판(2014)을 번역했는데, 책
의 핵심 내용을 간략하면서도 명확하게 부각시키기 위해 "운명적
삶을 긍정하는 기술"이라는 긴 부제를 달았다.

니체는 영원한 병자였다. 그의 신체적인 병과 통증은 그의 삶
전체를 어둡게 짓누르는 운명과 같은 것이었다. 그는 시력 약화나

---

1   http://nietzschehaus.ch/de/ 참조.

편두통, 위장병 같은 만성적인 통증들로 고통스러워했다. 결국 젊은 나이에 교수직을 그만두고 요양생활을 해야 할 정도였다. 이러한 신체적인 병과 고통에 관한 이야기는 그의 저술 여러 곳에서 발견되는데, 특히 그의 자서전인 『이 사람을 보라』에 잘 나타나 있다.

니체는 병과 견디기 어려운 고통 속에서 삶을 살았지만, 결코 자신이 병들어 있었다고, 다시 말해 건강하지 않은 삶을 살았다고 생각하지 않았다. "건강한 본능의 모든 징후를 감지할 수 있는 최고의 섬세함을 가지고 있다는 것이 내 특권이다. 내게서는 병적인 특성을 찾아볼 길이 없다. 나는 심지어 심하게 아팠을 때조차 병적이 되지 않았다. 내 본성에서 어떤 광신적 특성을 찾아보려고 애쓴다면 그것은 부질없는 짓이다."[2] 니체는 질병과 고통이 없는 상태가 곧 건강한 상태라고 생각하지 않았다. 질병과 고통은 병적인 삶인지 아니면 건강한 삶인지를 결정하는 기준이 될 수 없다. 이와 같이 질병과 고통 속에 있다고 해서 건강하지 않은 것이 아니다. 그리고 어떤 질병과 고통이 없다고 해서 건강한 것도 아니다.

병의 소유자가 삶을 긍정하는 힘만 갖고 있다면, 오히려 그 병은 더 좋은 삶을 위한, 더 건강한 삶을 위한 자극제가 될 수 있다. "전형적으로 병약한 존재는 건강해질 수 없고, 자기 자신을 건강하게 만들기는 더욱 어렵다. 전형적으로 건강한 존재에게는 그 반대로 병들어 있는 것이 삶을 위한, 더 좋은 삶을 위한 효과적인 자극제다. 그래서 현재 내게는 저 오랫동안 병들어 있던 시기가 사실상

---

2   『이 사람을 보라』, KSA 6, 296쪽.

바로 그러했다고 여겨지는 것이다. 말하자면 나는 나 자신을 포함해서 삶을 새롭게 발견했던 것이다. 나는 다른 사람들이 쉽사리 맛볼 수 없을 모든 좋은 것들과 심지어는 사소한 것들까지도 맛보았다. 나는 건강에의 의지와 삶에의 의지로부터 나의 철학을 만들었다. … 그러므로 다음의 사실을 주목하라. 내 생명력이 가장 떨어졌던 그해는 바로 내가 염세주의자인 것을 그만두었던 때였다. 내 자기 복구의 본능이 나에게 빈곤과 낙담의 철학을 금지했다."[3] 니체는 병과 통증 때문에 고통스러워했지만, 삶을 비관하는 염세주의에 빠지지 않았다. 오히려 이것을 삶의 자극제로 받아들여 창조적 사유를 위해 활용했다. 게다가 긍정의 힘만 있다면, 신체적 병이나 우울, 불안 등의 심리적 병은 오히려 '진정한' 건강을 향한 계기가 된다는 것이다.

이와 같이 니체에게 신체적 고통과 병은 '진정한' 병이 아니다. 신체적으로 병든 자는 오히려 삶에 대한 어떤 심층적 성찰의 계기를 만나게 된다. 병과 고통은 관습적인 삶의 방식들과 가치들의 건강성에 대해 묻게 만든다. 우리는 정말 건강한가? 신체적으로 건강하면 그것으로 만족하는가? 신체적 고통이 없다면 진정으로 건강한 것인가? 우리는 지금 건강한 삶을 살고 있다고 말할 수 있는가? 니체는 이 책 『니체, 건강의 기술』에서 병과 건강에 대한 우리의 통상적인 믿음을 벗어나 새로운 성찰을 시도하고 있다.

니체는 언제나 시대의 병을 진단하고 극복하는 철학자이길

3　『이 사람을 보라』, KSA 6, 266쪽 이하.

원한다. 니체는 우리의 문화에서 "정신병원이나 병원의 공기 같은 것을 느낀다"고 한다. 그리고 특히 "지상에 존재하는 모든 유형의 '유럽'"[4] 문화에서 그러한 병적 징후를 발견한다고 말한다. 먼저 이성이 문제다. 니체는 이성과 개념과 법칙에 사로잡힌 인간의 병에 대해 그 누구보다 심층적으로 비판했다. 니체는 이미 『비극의 탄생』에서 "인과성을 실마리로 하여" 존재의 문제를 완전하게 해결하려는 이성의 광기에 대해 말하고 있다. 니체는 이성이 사유와 행위의 절대적 기준이 될 때 심각한 병적 징후를 감지한다. "이것은 범해졌던 오류 중에서 가장 거대한 오류이며, 지상에서의 오류의 고유한 숙명이다. 사람들은 실재에 대하여 주인이 되기 위해, 영리한 방식으로 실재를 오해하기 위해 이성 형식을 갖고 있었지만, 이성 형식 안에서 실재의 규준을 가질 수 있다고 믿었던 것이다."[5] 이성은 삶의 도구일 뿐이다. 이성이 삶을 독점적으로 지배한다면, 상상력, 이해력, 직감력, 공감능력 같은 삶의 다른 능력들은 약화되거나 억압된다. 이성의 능력에 대한 맹목적 믿음은 세계와 삶을 다양하게 창조할 가능성을 원천적으로 봉쇄한다. 그렇게 되면 삶의 충만이 아니라 삶의 빈곤을 경험하게 될 것이다. 이성에 대한 신앙은 몸과 본능과 감각을 부정하고 소홀히 한다. 오직 이성에 따라 사유하고 행위 하라는 요구는 삶의 다양한 충동에 반하는 것이고, 결국 일종의 병이다. 니체에 따르면 몸의 능력과 가능성을 부정하

4　『도덕의 계보학』, KSA 5, 368쪽.

5　『유고』(1888년 봄), KSA 13, 337쪽.

는 것이야말로 가장 심각한 병 중의 하나이다.

자연과학은 자연을 수학과 법칙의 논리로 환원시킴으로써 자연을 인식하고 지배하려고 한다. 자연과학과 과학기술문명이 위험한 이유는 모든 인식의 출발점에 해당하는 관점적인 체험과 해석과 이해를 무시하기 때문이다. 자연과학적 인식이 자연현상을 양화함으로써 계산 가능성과 합법칙성을 목표로 삼는다면, 니체는 자연현상에서 삶의 다양한 질적 체험과 해석과 이해를 강조하고 이를 통해 무수히 많은 삶의 방식을 발견하고자 한다. 이때 중요한 것은 이성이 아니라 이성보다 더 큰 존재인 몸이다. 이와 같이 이성적 사유는 몸의 감성적·심미적 체험과 이해 능력에 의해 보완되어야 한다. 건강한 삶은 논리적 이성 능력과 몸의 직감적·예술적 능력이라는 양극 사이에서 균형과 종합을 추구하는 삶일 것이다.

니체가 볼 때 도덕은 "삶에 가장 깊은 질병, 피로, 불만, 고갈, 가난의 표시"이고 "삶을 부정하려는 의지"이다. "왜냐하면 도덕(특히 기독교적인 도덕, 다시 말해 무조건적인 도덕) 앞에서 삶은 본질적으로 비도덕적인 까닭에 늘 어쩔 수 없이 부당한 취급을 받을 수밖에 없기 때문이다."[6] 니체에게 삶은 근본적으로 비도덕적이다. 물론 삶이 비도덕적이기 때문에 삶은 도덕을, 말하자면 질서와 규칙을 필요로 할지 모른다. 하지만 어떤 도덕이 초월성을 얻어 절대화된다면, 삶은 병에 걸리게 된다. 플라톤주의와 그리스도교로부터 칸트와 쇼펜하우어에 이르기까지 도덕을 정당화하기 위한 시도들은 삶의

---

6 『비극의 탄생』, KSA 1, 18쪽 이하.

바깥에서 어떤 초월적인 관점을 획득하려고 했다. 예컨대 칸트의 도덕철학은 우리의 관심이나 의견으로부터 독립해 있는 제3의 보편자의 관점을 설정함으로써 도덕을 정당화하려 한다. 니체에 따르면 삶을 그 자체로 긍정하지 못하는 자들은 그러한 표준을 필요로 한다고 한다. 마침내 그러한 도덕은 우리의 삶을 부정하는 도덕이 된다. 도덕적 당위만이 존재할 경우에는 삶에서 즐거움이 사라질 것이다. 선과 악의 대립을 절대적으로 실체화하려는 도덕은 모두 병적이다. 선과 악은 서로 공존하는 것이고, 관점에 따라 선이 악이 될 수 있고 악이 선이 될 수 있다. 니체는 『안티크리스트』에서 지금까지의 도덕 자체가 병이었다고 말한다.[7]

니체가 볼 때 근대 문화는 병적인 요소를 지니고 있다. 대중의 목소리의 지배, 대세추종의 압력, 유행과 물질에 대한 복종, 노동과 빠름에 대한 찬양 같은 현상들을 의미한다. 이러한 문화 속에서 인간은 자기 자신을 돌아볼 수 있는 여가를 가질 수 없다. 그뿐만 아니라 정치나 자본, 학문이라는 거대한 체계 속에서 부품에 불과한 존재가 된다. 니체는 말한다. "대중에게 속하길 원치 않는 인간은 자기 자신에 대해 편하게 존재하는 것을 멈출 필요가 있다. '너 스스로가 되어라! 네가 현재 하고 있고 생각하고 원하는 모든 것은 네가 아니다'라고 외치는 양심의 소리를 따르면 된다."[8]

니체가 추구하는 건강철학의 핵심 개념 중 하나는 '관점주의

---

7   『안티크리스트』, KSA 6, 172쪽.

8   「교육자로서의 쇼펜하우어」, KSA 1, 338쪽.

적인 진리'라는 개념이다. 삶은 "관점적인 평가와 가상에 바탕을 두지 않는 한"[9] 전혀 가능하지 않기 때문이다. 한 개인이 자신의 관점에서 체험하고 해석하고 이해한 진리가 중요하다. 이러한 진리 개념은 주관적이고 상대주의적이고 비학문적이라고 비난받을 수 있다. 하지만 니체는 삶의 과정에서 서로 다른 다양한 관점을 이해하고 또 스스로 삶에 적용해보고 실험해보는 것이야말로 중요하다고 말한다. 그는 이러한 자기 자신이 되기 위한 실천철학을 '실험철학'이라고 부른다.

이제 단순화의 위험을 무릅쓰고 니체가 말하는 건강에 대해 말해본다면, 건강은 고통의 부재 같은 어떤 상태가 아니다. 건강은 자신이 보고 듣고 체험하고 이해한 모든 것을 모아 자신을 실험하고 종합하면서 자신에게 할당된 운명을 기꺼이 긍정하면서 살아가는 과정이다. 고통을 회피하지 않고, 자신의 삶과 다른 어떤 삶을 가지려 하지 않고, 자신의 필연성을 사랑하고, 자신의 운명을 사랑하는 삶의 과정이다. 이와 같이 '한 사람이 운명적 삶을 긍정하면서 자기 자신이 되어가는 과정'이야말로 니체가 말하는 건강일 것이다. 이러한 건강을 위해 새로운 윤리학이 필요하다. 말하자면 새로운 '건강의 기술'이 필요한 것이다. 니체로부터 새로운 '건강의 기술'을 배워보길 원한다면, 이 책 『니체, 건강의 기술』을 읽어볼 필요가 있다.

9　『선악을 넘어서』, KSA 5, 53쪽.

니체에 대하여

니체는 1844년 10월 15일 독일 작센 지방의 작은 마을인 뢰켄(Röcken)에서 루터교 목사 카를 빌헬름 루트비히 니체(1813~1849)의 아들로 태어났다. 아버지가 뇌 질환으로 1849년에 세상을 떠난 후 니체의 가족은 나움부르크로 이사를 갔고, 그곳에서 할머니와 어머니 프란치스카, 그리고 아버지의 결혼하지 않은 두 자매와 함께 살며 어린 시절을 보냈다.

1853년 니체는 나움부르크에 있는 김나지움에 다녔는데, 음악과 언어에서 탁월한 재능을 발휘하기 시작했다. 그 후 국제적으로 유명한 슐포르타에 입학해 1858년부터 1864년까지 학업을 계속했다. 시를 짓고 음악을 작곡하면서 학창시절을 보냈는데, 특히 고전어와 독일문학에서 탁월한 재능을 보였다.

1864년 졸업 후 본 대학에서 신학과 고전문헌학 공부를 시작했지만, 어머니와의 갈등에도 불구하고 한 학기 지나 신학 공부를 중단했다. 그 후 니체는 리츨 교수 밑에서 고전문헌학을 배웠고, 이듬해에는 리츨을 따라 라이프치히 대학으로 옮겼다.

1865년 우연히 발견한 쇼펜하우어의 『의지와 표상으로서의 세계』를 읽고 한동안 그의 염세주의 철학에 매료된다. 이를 통해 자신의 철학적 사유 지평을 넓혔고, 나중에 발표하는 『비극의 탄생』의 중요한 토대를 마련하게 된다.

1869년, 스물네 살 되던 해에 리츨의 도움으로 스위스 바젤 대학교의 고전문헌학 교수에 위촉되었다. 취임 강연으로 「호메로스와 고전문헌학(Homer und die klassische Philologie)」을 연설했다. 신학과 교수인 프란츠 오버베크와 어울렸고 그와 평생 동안 친구로 지냈으며 역사학자인 야콥 부르크하르트도 알게 되는데, 그가 존경했던 부르크하르트는 니체에게 많은 영향을 미쳤다.

1869년 니체는 트립센에서 리하르트 바그너와 만났는데, 바젤 대학교에 몸담고 있던 당시 두 사람 사이는 매우 긴밀한 관계였으며, 바그너는 니체를 바이로이트 극장 축제에 초대하기도 했다. 이후 바그너가 점차 그리스도교화되자 그와 결별했다.

1872년에 첫 저서인 『비극의 탄생』을 썼다. 그리스 비극의 탄생과 몰락을 다루고 있는 이 작품은 니체의 초기 철학(예술가-형이상학)의 핵심을 담고 있는데, 당시의 고전문헌학자들은 혹평을 했다.

1873년과 1876년 사이에는 『반시대적 고찰』을 썼는데, 총 네 편으로 「다비드 슈트라우스, 고백자와 저술가」, 「삶에 대한 역사의 유익함과 해로움」, 「교육자로서의 쇼펜하우어」, 「바이로이트의 리하르트 바그너」로 나뉜다. 네 편의 에세이는 기본적으로 그의 시대에 대한 총체적 비판을 담고 있다. 니체는 1876년 바이로이트 축제에서 진부한 공연과 바그너에 대한 숭배 분위기에 혐오감을 느끼고 실망한 후 결국 바그너와 거리를 두게 되었다.

　1878년에는 아포리즘으로 구성된 『인간적인, 너무나 인간적인』을 출판했다. 이때부터 자유정신을 표방하면서 저술에 몰두했지만, 1879년 건강이 더욱 악화되어 바젤 대학교의 교수직을 사임했다. 그 후 요양하면서 저술에 전념하는데, 1881년 『아침놀』, 1882~1887년 『즐거운 학문』, 1883~1885년 『차라투스트라는 이렇게 말했다』, 1886년 『선악의 저편』, 1887년 『도덕의 계보』를 출판하고, 1888년 『바그너의 경우』, 『안티크리스트』를 출판하고, 『우상의 황혼』, 『이 사람을 보라』, 『디오니소스 송가』, 『니체 대 바그너』 등을 저술한다. 1889년 1월 3일 카를로 알베르토 광장에서 기절한 후 10년간 정신 질환을 앓다가 1900년 8월 25일 독일 바이마르(Weimar)에서 사망한다.

엮은이 소개

미렐라 카르보네(Mirella Carbone)는 1967년생으로 이탈리아의 카타니아(Catania) 대학교와 독일의 프라이부르크 대학교 등에서 독문학, 스페인문학, 예술사 등을 공부하고 이탈리아 피사(Pisa) 대학교에서 독문학으로 박사학위를 받았다. 현재 질스-마리아의 〈니체 하우스(Nietzsche-Haus)〉에서 큐레이터와 연구자로 활동하고 있다. 저서로는 『Joseph Roth e il cinema』(Roma: Artemide Edizioni, 2004), 『Wanda Guanella - Eine Künstlermonographie』(St. Moritz: Gammeter Verlag, 2008), 『Samuele Giovanoli(1877~1941)』(Zürich: Edition Stephan Witschi, 2013) 등이 있다.

요아힘 융(Joachim Jung)은 1961년생으로 독일의 프라이부르크 대학교에서 독문학, 철학, 역사를 공부했고, 현재 질스-마리아의 〈니체 하우스〉에서 큐레이터와 연구자로 활동하고 있다. 저서로는 카르보네와 함께 편집한 『Friedrich Nietzsche. Langsame Curen - Ansichten zur Kunst der Gesundheit』(Freiburg: Herder, 2000) 등이 있다.

옮긴이 소개

이상엽은 성균관대학교 한국철학과 3년 수료 후 독일 베를린자유대학교에서 철학, 정치학, 사회학을 공부하여 철학 학사 및 석사 학위를 취득했고, 『허무주의와 극복인(Nihilismus und Übermensch-Friedrich Nietzsches Versuch eines neuen menschlichen Lebens ohne Transzendenz)』으로 철학박사 학위를 취득했다. 현재 울산대학교 철학과 교수로 재직하고 있다. 니체철학, 미학, 문화철학, 윤리학 등을 연구하고 있다. 최근 역서로는 『이 사람을 보라』(지만지출판사, 2016), 『니체와 소피스트』(지만지출판사, 2015) 등이 있고, 최근 논문으로는 「니체의 몸과 자기, 그리고 예술생리학」(2018), 「니체, 인식의 한계 내에서의 진리에 대하여」(2018), 「니체와 대학 교육의 목적」(2017) 등이 있다.